Ulrike Bechmann

Abigail

Prophetin • Weise Frau • Politikerin

Die erste ausführliche Beschäftigung mit Abigail entstand, als ich gebeten wurde, für den Internationalen Altkatholikenkongress 1998 in Seggau bei Graz mit diesem Bibeltext (1 Sam 25) einen Tag zu gestalten. In seinem Horizont sollte das Thema Konflikte und Versöhnung verdeutlicht werden. Ich gestehe, dass mir dieses Vorhaben zunächst etwas unpassend erschien. Abigail zum Thema Konflikte betrachten, ja, aber unter dem Aspekt der Versöhnung? Es war damals der Hartnäckigkeit von Katharina Nickel zu verdanken, dass sie mich dazu überredete, den Text für diesen Kongress näher unter die Lupe zu nehmen. Seitdem entdecke ich immer neue Seiten darin und ich kann auch hier nicht erschöpfend alle Aspekte behandeln, die sich in dieser Erzählung aufzeigen ließen. Die so einfach scheinende Geschichte enthüllt nämlich viele Facetten. Sie liefert trotz des „happy end" kein „Rezept" für den Umgang mit Konflikten oder für Versöhnung. Fragen bleiben offen, und trotzdem lassen sich anhand der Geschichte zu diesem Themenfeld viele Anregungen für heute finden. Nun wird auch im Gottesdienst zum Weltgebetstag der Frauen aus Rumänien 2002 Abigail eine wichtige Rolle spielen. Thema des Gottesdienstes ist „Zur Versöhnung aufgerufen" – ein Ruf, dem nicht nur in Rumänien, sondern an vielen Orten der Welt zu folgen wäre.

Ich danke allen, die mit zu dem Gelingen beigetragen haben, diese Publikation zu erstellen. Sie ist erheblich gegenüber dem Abdruck der ersten Bibelarbeit[1] von Seggau erweitert und ergänzt. In erster Linie gilt mein Dank dem Katholischen Bibelwerk für die Aufnahme dieser Bibelarbeit in die Reihe seiner Kleinschriften. Besonders danke ich dem Deutschen Komitee des Weltgebetstags der Frauen, das diese Publikation als Vorbereitungsmaterial mit anbietet. Diese Entscheidung erleichterte und beschleunigte es sehr, das Projekt jetzt in die Tat umzusetzen. Schließlich haben viele aus meinem privaten wie beruflichen Umfeld dieses Projekt unterstützt und mitgetragen. Ihnen allen, wie der Initiatorin der ursprünglichen Studie, Katharina Nickel, sei herzlich gedankt.

Ulrike Bechmann

Die biblische Tradition, insbesondere das Alte Testament, stellt uns eine ganze Reihe beherzter Frauen vor. Vielfach griffen Frauen nicht unerheblich in den Lauf der Geschichte Israels ein. Eine spannende Geschichte dieser Art findet sich in 1 Sam 25: die Geschichte der Abigail.

In den biblischen Erzählungen eröffnen sich uns mindestens zwei Lebenswelten: Die Welt (oder auch: der Kontext), in der die Erzählung spielt, und die Welt, in der die Erzählung aufgeschrieben wurde. So unterscheidet sich die *Erzählzeit* (als die Zeit, in der die Geschichte erzählt wird) von der *erzählten Zeit* (der Zeit, in der die Geschichte spielt). „Lebenswelt" verstehe ich hier als offenen Begriff, um die Zeitumstände, das theologische Milieu und die jeweiligen Interessen zu beschreiben, soweit das möglich ist.

Die erzählte Zeit – die Zeit, in der Geschichte spielt (Kap. I)

Die Geschichte führt die Lesenden durch Zeitangaben, Ortsangaben, Personen oder die Schilderung von Lebensumständen in ein bestimmtes Milieu, eine bestimmte Zeit und malt damit eine ganz eigene Lebenswelt aus. Hierin eröffnet sich der Raum, in der die Geschichte spielt. Spricht man darüber, wie die einzelnen Personen handeln und reden oder wie sie beschrieben sind, dann bewegt man sich im Raum der erzählten Zeit. Die Beschäftigung mit dieser Ebene ist wichtig, denn die Konstruktion der Geschichte, die Zeichnung der Personen, ihre Eigenschaften und ihr Handeln transportiert die Botschaft.

Die Erzählzeit – die Zeit(en),
in der die Geschichte niedergeschrieben wird (Kap. II)

Die Texte des Alten Testaments haben zumeist eine lange und zum Teil auch komplizierte Entstehungsgeschichte. Meist entstanden die niedergeschriebenen Erzählungen viel später als die Ereignisse, über die sie berichten. Mit entsprechender Vorsicht muss man daher die Informationen der Geschichten verwerten, will man daraus etwas über die Verhältnisse der erzählten Zeit entnehmen. Bis zur Neuzeit schrieb man Geschichte nicht um ihrer selbst willen auf. Geschichte und Geschichten aus der Vergangenheit waren nur insofern wichtig, als sie für die jeweilige Gegenwart etwas bedeuteten. Diese Bedeutung wurde auch durch die Art, wie die Geschichte erzählt wird, herausgehoben. Die biblischen Texte waren zunächst nicht unveränderbar. Sie entstanden in einem Wachstumsprozess. Immer wieder wurden sie erweitert, ergänzt oder durch

Ergänzungen sogar uminterpretiert, bis der Wachstumsprozess zum Stehen kam und weitere mündliche und schriftliche Auslegungen aus den Texten selbst herausgenommen und eigens überliefert wurden. Wenn man also für die Abigail-Geschichte mit Ergänzungen rechnet, dann gibt das Einblicke in mehrere Lebenswelten, in denen die Geschichte eine Rolle spielte: Auf die Zeit der ersten Niederschrift und auf die Zeit, in der Ergänzungen eingebracht wurden.

Was für die Geschichte selbst gilt, lässt sich schließlich auch für das Samuelbuch sagen, in dem die Erzählung zu finden ist. Diejenigen, die das Buch komponierten, hatten ihre Gründe, der Erzählung von Abigail den Platz im Samuelbuch zuzuweisen, den sie heute einnimmt. Ihre Geschichte übernimmt im Gesamt der Königsgeschichte eine bestimmte Funktion und dient damit wiederum bestimmten Interessen in der Geschichtsschreibung. Schritt für Schritt möchte ich diesen verschiedenen Lebenswelten – oder Bedeutungsebenen – der Geschichte um Abigail nachgehen.

I. Die Geschichte Abigails in der erzählten Zeit

1. *Der Lebensraum der Geschichte*

Die Geschichte der Abigail führt in die erzählte Zeit des Aufstiegs des Königs David. Das Kapitel 1 Sam 25 gehört zu einer Reihe von Texten, die in der Forschung die „Aufstiegsgeschichte Davids" genannt werden. Lassen wir uns auf die erzählte Zeit ein, dann befinden wir uns in etwa am Ende des 11./Anfang des 10. Jhs. v.Chr., großzügig gerechnet rund um 1000 v.Chr. Geographisch führt uns der Text in den Süden Judas, an den Rand der Wüste Juda, in die Gegend von Hebron und Arad. An den Rändern der beiden Wüsten im Süden Judas hat Nabal sein großes Gut, auf dem er Acker- und Gartenbau, aber auch Kleinviehzucht betreibt. Nabal ist Nutznießer der neuentstandenen Dorfkultur der frühen Eisenzeit. Zur frühen Eisenzeit wird die Zeit zwischen 1200 bis 1000 v.Chr. gerechnet.[2] Nabal ist Führer eines Wirtschaftsbetriebs, wohl einer jener Siedlungen, wie sie die Archäologie als eine typische Eisen-I-Siedlung entdeckt hat. Grundstruktur dieses Wirtschaftsbetriebs ist die Verbindung von bäuerlicher und kleinviehzüchterischer Tätigkeit. Die Größe des Betriebs stellt Nabal als mächtigen Mann der Gegend dar, der seinen Leuten ihr Einkommen sichert. Mit Sicherheit hat Nabal selbst Leute, die ihn beschützen, auch wenn unsere Geschichte darüber schweigt. Das Gut des Nabal ist im Süden lokalisiert, am Rande der beiden Wüsten: des Negev und der judäischen Wüste, die zum Toten Meer hinunterführt. Sein Gut ist also im Süden und im Osten vom Wüstenbereich umgeben. David und seine Leute siedeln sich in diesem Bereich in den Höhlen am Rande der Wüste an. Sie werden nicht die einzigen gewesen sein, die von dort aus versucht haben, ihr Überleben zu organisieren – wenn man es einmal freundlich ausdrücken will. Zum Wüstenbereich gehören noch andere Gruppen von Menschen, die aus der Sicht der Bauern bedrohlich waren: die in der Wüste lebenden Nomaden.

In den letzten Jahren ist es immer wichtiger geworden, die Gesellschaftsstruktur des alten Israel nicht als einen monolithischen Block zu sehen und die Veränderungen, die zur Gründung des Staates Israel bzw. Judas geführt haben, nicht aufgrund eines kompletten Bevölkerungswechsels zu verstehen (etwa von den wandernden Exodus-Israeliten zur neuen Bevölkerung des Staates Israel). Vielmehr muss die ganze Gesellschaft im alten Palästina als ein Zusammenleben verschiedener Lebensformen verstanden werden, die unabhängig voneinander nicht lebensfähig gewesen wären und die aufeinander angewiesen waren. Die Dörfler mussten Hirten haben, weil die Konzentration auf Getreideanbau allein sehr gefährdet war durch die klimatischen Bedingungen, die leicht zu Hungersnöten führen konnten, weil aber auch vom Getreideanbau allein der Bedarf an Fleisch nicht gedeckt werden konnte. Kleinviehhaltung wiederum heißt, notwendigerweise herumziehende Hirten zu haben, da in Palästina die Bedingungen nicht so sind, dass eine Herde längere Zeit auf einem Stück Land bleiben kann. Dafür ist es zu trocken, gibt es viel zu wenig Nahrung für die Tiere und würde der Boden zerstört. Herumziehende Hirten und Dorfbevölkerung bilden eine Symbiose in unterschiedlichen Lebenswelten, denn die Hirten kehrten natürlich nicht jede Nacht zurück. Die Städte bildeten immer eine eigene Welt, je nachdem, ob sie eine Blütezeit oder einen Niedergang erlebten. Stadt und Dorf waren aufeinander angewiesen, denn die Produkte, die in den Städten hergestellt wurden, konnten im ländlichen Bereich abgesetzt werden, da sie dort nicht herstellbar waren. Dies betraf etwa das Metallhandwerk wie auch alle anderen Handwerksbereiche, Luxusgüter etc. Die Stadt wiederum war vom Dorf abhängig, weil über den Handel die Ernährung der Stadt gesichert wurde. Die Nomaden aus dem Wüstenbereich werden als Geschuriter, Geseriter oder Amalekiter bezeichnet, „Bewohner des Landes, das sich von Telam bis nach Schur und bis zum Philisterland erstreckt" (1 Sam 27,8). Diese Nomaden lebten im Negev und gehörten offensichtlich zu den Beduinen, die häufig plündernd in die nördlicheren Lebensräume einfielen, aber wohl auch Dank ihrer Kamelzucht im Fernhandel zwischen Südarabien und der Levante, besonders Ägypten und der Levante eine zunehmend wichtige Rolle spielten.

Ein gespaltenes Verhältnis existierte zu diesen Beduinen, die einerseits als Plünderer gefürchtet waren, andererseits aber für den Fernhandel mit den Stadtstaaten der philistäischen Küste, mit Ägypten und Arabien wichtig waren. Die biblischen Texte, aber auch andere inschriftliche Quellen des alten Orients, geben nur selten eine objektive Darstellung der Lebensweise der Nomaden wieder. Die Texte sind meist davon geprägt, wie die Beziehung zu diesen Nomaden aussah. In der Landbevölkerung waren sie eher gefürchtet. Ihre Lebensweise war für die sesshafte Kultur fremd und damit bedrohlich. Und gleichzeitig kommt die Faszination des Fremden und Bedrohlichen immer wieder durch, wenn es romantisierende Ideale gibt, wenn die Schönheit, die Freiheit, die Unabhängigkeit nomadischer Lebensform gerühmt wird. Dass diese Nomaden ein hartes Leben hatten, darf als gesichert gelten. Die Wüste als romantischer Ort ist eine moderne Erfindung. Sie ist ein unwirtlicher Lebensraum, trotz aller Faszination. Und es bedarf hoher kultureller Techniken, um in der Wüste überleben zu können.

2. *Die Hauptpersonen: Nabal, Abigail und David*

Nabal und Abigail werden mit eindeutiger Parteinahme, wem die Sympathie zu gelten hat, vorgestellt. Die Frau erhält – das ist auffallend – in der Personenbeschreibung genauso viel Raum wie der Mann.

Nabal und seine Frau Abigail sind typische Vertreter/innen der beschriebenen kleindörflichen Kultur. Nabal dominierte dabei sicher sein Gebiet, das sich durch seine großen Herden durchaus über einige Kilometer erstreckte. Die Erzählung schreibt Nabal immerhin den großen Reichtum von 3000 Schafen und 1000 Ziegen zu. In einer halbtrockenen Gegend, der Steppe Paran (1 Sam 25,2), benötigen so viele Tiere viel Raum. Sie ziehen mit Hirten von einem Ort zum anderen, im Winter weiter hinab in die Wüste, wo es dort dann auch Regen und Gras gibt, im Sommer mehr hinauf ins Gebirge, wo sich dann leichter etwas zu fressen finden lässt.

Abigail, seine Frau, stand damit sicher einem großen Gut vor. Sie wird die Bewegungsfreiheit gehabt haben, die im Lob der tüchtigen Frau (Spr 31) beschrieben ist: eine Frau, die Handel treibt, die über Angestellte verfügt, die das Geld verwaltet und von deren guter Wirtschaftskunst der Reichtum des Mannes mindestens so abhängig ist wie von seiner Arbeit. Von einem so reichen Gutsbesitzer lebte sicher die Bevölkerung eines ganzen Landstriches: nicht nur diejenigen, die sich als Bauern oder Tagelöhner, als Knechte oder Mägde auf dem Hof selbst verdingen konnten, sondern auch diejenigen, die als Hirten mit dem Vieh herumzogen, die Herden zusammenhielten und betreuten. Dieser Dorfpotentat Nabal ist mit seinen Leuten gerade dabei, die jährliche Schafschur abzuhalten. 3000 Schafe, das war ein großes Fest, das Erntefest derer, die Kleinvieh wie Ziegen und Schafe besaßen. 3000 Tiere, das bedeutete eine Menge Leute, die bei der Schafschur halfen.

David befindet sich nach der Erzählung gerade in einer brenzligen Lage. Von Saul verfolgt, hat er sich mit seinen Leuten in die Felsen und Höhlen am Rande der Wüste zurückgezogen, wo er nicht so leicht aufgespürt werden konnte. Er ist Saul nahe, so nahe, dass er ihn töten könnte (1 Sam 24;26), wie die beiden Geschichten vor und nach unserer Erzählung im Samuelbuch zeigen. Er verschont Saul, bleibt aber auf der Flucht. Die Leute, die David bei seiner Flucht begleiten, gehören zum Rand der Gesellschaft. Es sind Leute, die aus ihren Verhältnissen fliehen mussten oder wollten, „alle Bedrängten, alle, die einen Gläubiger hatten, alle Verbitterten" (1 Sam 22,2). Es waren Leute, die sich zu Gruppen zusammenschlossen, um einen Anführer scharten, bei den verschiedensten Potentaten sich in Dienst begaben, oft genug in Kriegsdienst, wie auch David, der sich den Philistern mit seinen Leuten als Soldaten andiente. Die Rede ist von den sog. *ᶜapîru,* dieser Gruppe von Menschen, die am Rand der Gesellschaft lebten. Wer nicht erfolgreich ist, wird von den Erfolgreichen missachtet. Diese Gruppe, die im Land herumzog, hatte sich aus den Städten zurückgezogen und musste versuchen, zu überleben. Fanden sie niemand, der sie in Dienst nahm, war das Überleben wohl nur durch Raub in seinen verschiedensten Varianten möglich.

3. *Die Gespräche*

Wichtige Stationen in unserer Geschichte sind die einzelnen Dialoge. Die Kommunikation der handelnden Personen bestimmt das Geschehen. Sie strukturieren die Erzählung, in ihnen geschehen die entscheidenden Schritte, sie bestimmen den Handlungsablauf. Wichtig ist, sich anzusehen, wer wen informiert, wann und wie. Auch die Länge der Reden zeigt viel an: je kürzer jemand redet, desto mächtiger ist er. Es ist in unserer Geschichte eine Frage von Leben und Tod, ob alle Personen ihr Wissen mitteilen und wie sie es mitteilen. Ebenso ist es entscheidend, wer mit wem redet: erfolgt die Kommunikation direkt oder wird sie über andere vermittelt? Gehen wir also an den Gesprächen entlang.

3.1 *David, seine Knechte und Nabal*

Davids Worte werden uns als Redeauftrag an seine Knechte vermittelt, diese wiederholen nur. Die Absicht der Rede ist eindeutig, auch wenn sie zunächst friedlich beginnt.

„Friede sei mit dir, Friede mit deinem Haus, Friede mit allem, was dir gehört." (V.6) Den dreimaligen Frieden, den David hier dem Nabal mit allem, was er besitzt, zuspricht, muss sich Nabal aber erst verdienen. Das dreimalige „Friede, Friede, Friede", täuscht nicht über die wahre Absicht der Männer hinweg. Sie fordern ihren Teil ein, den sie als verdienten Lohn betrachten. Wofür? „Nun sind deine Hirten mit ihren Schafen bei uns gewesen; wir haben ihnen nichts zuleide getan, sie haben nichts vermisst, solange sie in Karmel waren." (V.7) Dass die Hirten in Karmel waren, ist nur normal, denn dort hatte Nabal sein Gut (V.2). Wo sonst hätten die Hirten sein sollen? „Sie waren bei uns", stellt die Verhältnisse doch wohl etwas auf den Kopf. Diese Gruppe von Gescheiterten hielt sich im Bereich des Gutes von Nabal auf. Der Text, obwohl er zu den davidfreundlichen Texten gehört, verschweigt nicht die wahre Art der Forderung des David. Heutzutage würde so etwas unter Schutzgelderpressung fallen und vor Gericht landen. „Wir haben deinen Laden nicht kurz und klein geschlagen, so gib uns also, was uns zusteht", würde heute vielleicht die Drohung heißen.

David geht noch weiter. Er stellt ein Beziehungsverhältnis zwischen sich und Nabal her, das ebenfalls nicht der Wirklichkeit entspricht. Er lässt die Knechte sagen: „Gib deinen Knechten" und „gib deinem Sohn David, was du gerade zur Hand hast."

Nabal reagiert auf diese plumpe Anbiederung nicht positiv. Denn immerhin ist David nicht selbst da, er lässt sich durch seine Männer als „Sohn" bezeichnen. Der reiche Gutsbesitzer sieht nicht ein, dass er einer solchen Gruppe hergelaufener Leute etwas abgeben soll, mit denen er gar nichts zu tun hat. Nabals Reaktion erfolgt nicht sofort, denn die Knechte Davids „warteten ruhig ab" (V.9), nachdem sie Nabal die Botschaft Davids überbracht hatten. Diesen Sohn, den Nabal nicht kennen will, bezeichnet er in seiner Antwort mit dem richtigen Namen: „Wer ist schon David, und wer ist der Sohn des Isai? Es gibt viele Knechte, die ihren Herren davongelaufen sind." (V.10). Ganz im Bewusstsein seiner ökonomischen Potenz, seines Einflusses und seiner Macht in der Gegend lässt er seine Verachtung spüren. „Soll ich etwa mein Brot und mein Wasser, und was ich für meine Schafscherer geschlachtet habe, nehmen und es Männern geben, von denen ich nicht einmal weiß, woher sie sind?" (V.10-12). Nabal sortiert David und seine Männer richtig ein: Leute, die keine feste Bleibe haben, sich verdingen für alles Mögliche, die niemand zugehören, deswegen auch nicht seine Knechte sein können, schon gar nicht sein Sohn. Und Nabal lässt hier seine Einschätzung durchblicken, warum David nicht mehr bei Saul dient: weggelaufen sei er.

Wir hören hier von einem missglückten Gespräch. David redet nicht direkt, sondern lässt ausrichten. Er stellt die Verhältnisse auf den Kopf – aus Nabals Sicht gesehen. Nabal sieht folglich nicht ein, warum er zahlen soll. Zwei völlig unterschiedliche Perspektiven treffen aufeinander: Davids Perspektive, die von unten kommt und sich die Sachlage entsprechend zurechtlegt, Nabals Perspektive, die das Ganze von oben betrachtet. Auf „unten" und „oben" komme ich später zurück.

3.2 Der Knecht Nabals berichtet Abigail

Sehr interessant ist, was der Knecht Nabals nun Abigail von diesem Gespräch berichtet. David selbst lässt seine Leute nur sagen: Wir waren in deinem Bereich, haben euch nichts getan und nichts weggenommen. Der Knecht verändert die Leistung des David etwas: „Dabei waren die Männer sehr freundlich zu uns. Wir wurden nicht beschimpft, und wir haben nie etwas vermisst in der ganzen Zeit, in der wir mit ihnen umherzogen, als wir auf der Weide waren. Sie haben bei Tag und bei Nacht eine Mauer um uns gebildet, die ganze Zeit hindurch, da wir mit ihnen zusammen waren und unsere Schafe hüteten." (1 Sam 25,15-16) Hier hört sich das ganze schon etwas anders an. „Wir waren mit ihnen zusammen", nicht wie David sagt: „Nun sind deine Hirten mit ihren Schafen bei uns gewesen". Letzteres stimmt nicht, David dreht die Verhältnisse nur einfach zu seinen Gunsten. Hier aber sagt der Knecht gleich zweimal: „Wir waren mit ihnen zusammen", als gehörten Davids Männer zu den Hirten Nabals, als wäre es selbstverständlich, dass sie zusammen unterwegs waren. Zwar schimmert noch etwas durch, was sich nach Schutzgeld anhört: „Die Männer waren sehr freundlich und wir haben nie etwas vermisst." Aber die entscheidende Veränderung fügt der Knecht selber hinzu. „Sie haben bei Tag und bei Nacht eine Mauer um uns gebildet, die ganze Zeit hindurch, da wir mit ihnen zusammen waren und unsere Schafe hüteten." Eine Mauer gebildet, also einen Schutzwall. Hier hört es sich so an, als wären Davids Leute diejenigen gewesen, die die Hirten vor Überfällen von außen geschützt hätten, von Nomaden zum Beispiel. Damit hätten sie einen Dienst erfüllt, der auch einen gerechten Lohn erforderlich macht.

Ich bewundere diesen namenlosen Knecht. Nicht nur, dass er die Argumentation von Davids Leuten plausibler macht als sie ist; auch die Beschreibung der Leute, die David geschickt hat und die Art ihres Anliegens werden auf interessante Art der Abigail vermittelt. „David hat aus der Steppe Boten geschickt, um unserem Herrn seine Segenswünsche entbieten zu lassen, aber er hat sie schroff abgewiesen." (V.14) Boten, *malak*, das gleiche Wort wie „Engel", harmlose Leute, die eine Nachricht zu überbringen haben und durchaus gefährlich leben: Überbringer schlechter Nachrichten hat man bisweilen umgebracht. Boten mit Segenswünschen, erinnert das nicht an den Freudenboten, der gute Nachricht bringt? Wenn zehn entschlossene junge Männer in eindeutiger Absicht: „Geld her" sagen, wie verklausuliert auch immer, dann werden wohl nur wenige darauf kommen, diese als Boten mit Segenswünschen zu bezeichnen, selbst wenn sie Friedenswünsche im Mund führen. Der junge Mann, der bei Nabal und

Abigail arbeitet, verdient mindestens so sehr wie Abigail selbst die Bezeichnung als klug oder weise, denn geschickt verändert er den Situationsbericht so, dass Abigail wie David im Brustton der Überzeugung die Forderungen Davids als berechtigt, die Weigerung, sie zu erfüllen, als unberechtigt verstehen können.

Entsprechend der Stellung der Abigail als Vorsteherin des Hauses fordert der Knecht sie auch unmissverständlich auf, anders als ihr Mann zu handeln und sie alle vor dem Ruin zu bewahren. Eigentlich redet dieser Knecht nicht wie ein Untergebener: „Nun aber überleg dir genau, was du tun kannst; denn unserem Herrn und seinem ganzen Haus droht Unheil. Er ist ein so übler Mensch, dass man nicht mit ihm reden kann." (V.17). Wie kommt dieser Knecht dazu, Nabal, seinen Arbeitgeber und den Mann Abigails, so zu beschreiben? Würde es nicht reichen, das drohende Unheil auszumalen? Der Knecht schiebt hier in einem weiteren Schritt Nabal die Schuld am Konflikt zu und nicht David. Es macht eigentlich nichts, dass David sich vielleicht ungeschickt ausgedrückt hat, denn selbst eine überzeugendere Argumentation hätte nichts genützt, weil Nabal so schlecht ist, dass man mit ihm schlicht nicht reden kann. Geschickt spielt er Abigail alle Verantwortung zu und kann sogar Sorge um Nabal vortäuschen, indem er ihn eigens als gefährdet erwähnt: „... unserem Herrn und seinem Haus droht Unheil." (V.17).

Es erweckt den Eindruck, als hätten sich die Leute Davids und die Leute Nabals tatsächlich zusammengeschlossen bzw. als würden sie an einem Strick ziehen. David lässt nämlich Nabal eigens ausrichten: „Frag deine jungen Leute, sie werden es dir bestätigen." (V.8) und der junge Mann, der Knecht, bestätigt tatsächlich gegenüber Abigial jetzt Davids Forderung. Nabal hatte seine jungen Leute nicht gefragt! Sie befanden sich wohl in einer ähnlichen Situation wie Davids Leute, auch wenn sie als Hirten gerade Arbeit hatten und noch nicht gezwungen waren, wie die anderen sich irgendwie durchzuschlagen. Aber weder war das Hüten der Herde eine Dauerstelle, noch dürften sie als Hirten wirklich genügend gehabt haben, um gut leben zu können. Im Gegenteil: wenn sie verantwortlich waren für die Tiere, dann hieß das auch, dass sie für den Verlust der Tiere hafteten. Bei einem sicher eher kärglichen Lohn und den vielen Möglichkeiten, wie Tiere (z.B. durch Raubzüge von Beduinen, durch wilde Tiere, durch Verlaufen von Tieren) abhanden kommen konnten, mochte dies für Hirten oft ein Verlustgeschäft sein, bei einem so uneinsichtigen Arbeitgeber wie Nabal allemal. Aber dieses System macht Nabals Reaktion plausibler: wenn die Knechte davon profitiert haben, dann sollen sie auch David bezahlen.

Insofern nimmt dieser Knecht wohl die Perspektive von unten ein, sie ähnelt Davids Sicht der Dinge. Für den Knecht scheint das Ganze sogar noch plausibler und im Anspruch auch vermittelbarer zu sein als für David selbst. Sei es, weil er Davids Leute kennengelernt hat und entsprechend ihre Schlagkraft fürchtet, sei es, dass er Sympathie mit diesen Leuten hat und eine Art Verbindung herstellt. Er vermittelt jedenfalls das Anliegen Davids so, dass Abigail, ohne auch nur einmal nachzufragen, zur Tat schreitet.

3.3 *Abigails eilige Tat*

Abigail redet nicht, sondern handelt. Sie fragt nicht nach, warum Nabal die Zahlung verweigert, sie fragt nicht nach, ob etwas zu Recht oder Unrecht passiert, sie packt zusammen, um David mit einer Bezahlung entgegenzugehen, und zwar, wie der Bibeltext extra erwähnt, „in aller Eile“ (V.18). Was Abigail da auflädt, scheint schon für das Schafschurfest vorbereitet gewesen zu sein. Das „in aller Eile“ wird dadurch unterstrichen, dass eigens vermerkt wird, dass die fünf Schafe schon zurecht gemacht waren, also nicht erst geschlachtet werden mussten. Mit keinem Wort wird erwähnt, dass Abigail irgendetwas vorbereiten würde. Diese Eile wird Abigail noch öfter an den Tag legen, besonders am Schluss der Geschichte, wenn David sie als Frau zu sich holen wird (V.42). Es ist nicht wenig, was Abigail da zusammenpackt: 200 Brote, zwei Schläuche Wein, fünf Schafe, fünf Sea geröstetes Korn, 100 Rosinenkuchen und 200 Feigenkuchen. Ein Sea, das sind ca. 13 Liter, es wird einiger Esel bedurft haben, um all diese Dinge dem David entgegenzubringen. Nachdem alles zusammengepackt ist, schickt Abigail die Knechte voraus: „Geht mir schon voraus, ich komme euch gleich nach.“ (V.19). Der Text trägt noch nach, dass Nabal davon nichts erfährt. Indirekt bestätigt damit Abigail die Ansicht des Knechtes, dass man mit Nabal nicht reden kann.

Der Text hat aber noch einen zweiten Schwerpunkt. Denn nicht die Geschenke sind es, die in der Begegnung zwischen Abigail und David wichtig werden, sondern die Begegnung von David und Abigail selbst. Die Knechte werden mit all den Sachen vorausgeschickt und verschwinden in der Landschaft. Eigentlich wären sie die ersten, die mit David und seinen Männern zusammentreffen müssten. Dem ist aber nicht so. Abigail reitet alleine und trifft David und seine Männer, ohne dass von den Knechten mit den Geschenken etwas zu sehen wäre. Erst am Ende der Begegnungsszene übergibt Abigail fast nebenher die Geschenke, die Knechte werden nicht einmal mehr erwähnt.

Das Hauptgeschenk ist Abigail und das, was sie David zu sagen hat. Entsprechend ausführlich wird diese Szene berichtet.

3.4 *Begegnung zwischen David und Abigail*

Der Text versucht, die Begegnung möglichst dramatisch zu schildern. Abigail reitet offenbar, ohne von David und seinen Männern gesehen zu werden „im Schutz eines Berges“ (V.20). Allein, ohne die Knechte und Geschenke, trifft sie auf David und seine Männer. Diese erhalten noch einmal eine Charakterisierung, um die Gefährlichkeit der Begegnung hervorzuheben und die Dramatik zu betonen. In einer Art Rückblende wird über David berichtet, dass er gerade eben sich noch einmal vor Augen geführt hat, was Nabal ihm Böses getan hat, und er schwört: „Gott möge mir dies und das antun, wenn ich von allem, was ihm gehört, bis zum Morgen auch nur einen Mann übriglasse.“ (V.22). Ein Schwur ist eine ernste Angelegenheit, etwas, das man unbedingt einhalten *muss.* Jephtah etwa kann nicht von dem Schwur zurücktreten, das erste, was ihm zuhause entgegenkommt, zu opfern. Es ist seine Tochter und sie muss sterben, weil dieser Schwur ihn bindet. (vgl. Ri 11).

Der Schwur Davids ist in der Einheitsübersetzung freundlich übersetzt. Hier kommt die Männerwelt einer solchen Truppe sehr drastisch zum Ausdruck. Im Hebräischen heißt es wörtlich: „ich will niemand von denen übriglassen, die an die Wand pissen.“ Nicht gerade vornehm und nicht gerade friedlich. Der Schwur erhöht noch einmal die Gefahr und steigert damit auch die Kunst Abigails, David von diesem Schwur abzubringen. Die Vernichtung Nabals hat David nicht nur seinen Leuten versprochen, er hat sogar bei Gott geschworen! Die Begegnung der beiden wird dadurch hinausgezögert, die Spannung steigt. Spannend wird sie aber auch, indem die beiden Seiten im krassen Gegensatz geschildert werden: hier die Frau allein auf einem Esel gegenüber 400 bewaffneten, vernichtungsbereiten Männern. Und sie, Abigail, die Vertreterin derer, die jetzt hier niedergemetzelt werden sollen.

Entsprechend intensiv sind auch die Demutsgesten Abigails: Gleich dreimal wird von ihr gesagt, dass sie sich vor David verneige, niederfalle, zu seinen Füßen falle (V.23). Das „Gefälle“ zwischen den beiden drückt auch der „Abstieg“ Abigails aus: sie kommt im Schutz des Berges herunter, steigt vom Esel, wirft sich nieder, verneigt sich, fällt zu Füssen. Schnell stieg Abigail von ihrem Esel, wieder einmal beeilt sich Abigail, David gegenüber etwas zu tun.

3.5 *Abigails Rede*

Was jetzt kommt, ist das Zentrum der Geschichte. Es ist die ausführliche Rede Abigails. Es mag sein – und ich halte es sogar für sehr wahrscheinlich –, dass dieser Text, ihre Rede, in einer späteren Überarbeitung ergänzt worden ist. Ich komme später darauf zurück. Im Moment soll die Kommunikation zwischen David und Abigail im Mittelpunkt stehen. Jetzt kommt es erstmals zur direkten Begegnung von David und seinen Gegnern, hier Abigail als deren Repräsentantin. Wie läuft das Gespräch?

Abigail lenkt zunächst die Aufmerksamkeit auf sich und entlastet Nabal: „Mich allein, Herr, trifft die Schuld." (V.24). Ihre Schuld liegt darin, dass sie die Leute Davids nicht gesehen habe. „Ich, deine Magd, habe die jungen Leute, die du, mein Herr, geschickt hast, nicht gesehen." (V.25). Ein starker Ausdruck: ‚*awon*', Verkehrtheit, Verkehrung, Krümmung im wörtlichen Sinn, Beugung des Rechts: ein Begriff, der Handlungen und Verhaltensweisen, aber auch Zustände ausdrücklich verurteilt, weshalb ‚*awon*' schließlich mit Schuld und Sündenschuld übersetzt wurde. ‚*awon*', ‚der Schuld gedenken', wird zum theologischen Terminus. Ein gefüllter Begriff von Schuld und Sünde wird hier benutzt, nur weil Abigail die Männer nicht gesehen hat. Er macht wiederum das Gefälle zwischen Abigail und David deutlich. Unterwürfigkeit klingt aus ihrer Rede: *adoni*, mein Herr, ist die Anrede für David. *amah*, Magd, ist die unterwürfige Selbstbezeichnung Abigails. Zweimal gebraucht sie ‚*amah*', Magd, als sie David zu überreden versucht, zuzuhören. Wieder muss man ein bisschen die Übersetzung korrigieren. Keine Frage, Abigail unterwirft sich. Und doch sieht es mir danach aus, als ob sie eine ähnliche List wie David anwendet. Deine ‚*amah*' heißt eigentlich „deine Frau". Dies meint noch nicht die Gleichwertigkeit, sondern es bleibt eine Unterordnung. Aber das Niederfallen vor David, die Anrede als ‚*adoni*' und die Bezeichnung ‚*amah*' erinnern sehr an den königlichen Hofstaat Davids und seine Gepflogenheiten. Auch Batseba, eine der anderen Frauen Davids, wird sich als ‚*amah*' bezeichnen. Damit stellt Abigail zwischen sich und David eine (noch) nicht existente Verbindung her, wie es David auch bei Nabal mit „deinem Sohn" vergeblich versuchte. Und sie verwendet eine Sprache und Gesten, als sei David schon König.

Sie ist dabei, David klarzumachen, dass Nabal nicht zählt, weil er so ist, wie er heißt: ein Narr, ein Tor. „Mein Herr, achte nicht auf diesen üblen Mann Nabal; denn wie sein Name sagt, so ist er: Nabal *(Tor)* heißt er, und voll Torheit ist er." (V.25).

Sehr schnell kommt Abigail zum Eigentlichen: David davon abzuhalten, seinen Schwur wahrzumachen. „So wahr der Herr lebt und so wahr du lebst, hat dich der Herr davor bewahrt, Blutschuld auf dich zu laden und dir selbst zu helfen. Möge es deinen Feinden und allen, die gegen meinen Herren Böses planen, ebenso ergehen wie Nabal." (V.26). Wie erging es Nabal? Der Text nimmt hier im Vorgriff etwas vorweg, was erst am Schluss erzählt wird. Möglicherweise haben wir hier ein Zeichen der Bearbeitung. Selbst wenn man noch nicht weiß, wie es Nabal ergangen ist: etwas Gutes kann es nicht sein. Denn der Segenswunsch für David wird gepaart mit einem Schadenswunsch für seine Feinde. Abigail nimmt hier etwas vorweg, ohne David schon überzeugt zu haben: Sie nimmt vorweg, dass David tatsächlich von seiner Rache ablässt. „Der Herr hat dich davor bewahrt, Blutschuld auf dich zu laden und dir selbst zu helfen." Hier haben wir das zentrale Motiv und das zentrale Geschenk der Abigail an David. Sie hält David davon ab, Blutschuld auf sich zu laden. Und: sie führt es auf Gott zurück, dass sie David entgegenkommt. Doch Abigail hatte keinerlei göttlichen Auftrag, ein Knecht hat sie geschickt. Aber indem sie ihre Tat als in Einklang mit dem Willen Jahwes, des Gottes Israels, darstellt, kann sie dem Gott geleisteten Schwur Davids begegnen. David hat zwar bei Gott geschworen, aber wenn Gott selbst ihn durch Abigail aufhalten will, ist David nicht länger verpflichtet, seinen Schwur zu halten.

In diesem V.26 ist noch nicht von David als König die Rede. Das kommt erst später. Hier geht es nur darum, dass David, unabhängig von seiner Position, keine Blutschuld auf sich laden darf. Dies nicht getan zu haben, wird David vor Jahwe ins Recht setzen. Dem spirituellen Geschenk folgen jetzt die realen Geschenke. „Dieses Geschenk aber, das deine Magd meinem Herrn mitgebracht hat, möge jetzt den jungen Leuten gegeben werden, die meinem Herrn folgen." (V.27). Die Knechte tauchen mit den Eseln und den Geschenken wieder aus der Versenkung auf, in der sie verschwunden waren, als Abigail sie weggeschickt hatte. Sie rahmen sozusagen die Begegnungsszene zwischen David und Abigail und spielen als realer Ausgleich für David, der seine Knechte versorgen muss, eine wichtige Rolle. Wenn sich jetzt V.32 anschließen würde: „Da sagte David zu Abigail: Gepriesen sei der Herr ...", so würde man im Text nichts vermissen.

Aber Abigail, lassen wir uns auf den Text ein, wie er uns heute entgegentritt, beginnt noch einmal von Neuem. „Verzeih deiner Magd ihr Vergehen!" (V.28) Was jetzt kommt, macht Abigail von der klugen Frau zu einer Prophetin. Denn sie prophezeit David ein sicheres Haus, gemeint ist hier eine Dynastie.

Seine Kriege werden durch Gott geführt werden, er wird keine Schuld auf sich laden sein Leben lang. Eine blendende Zukunft verheißt Abigail diesem Haudegen David, der gerade noch alles niedermachen wollte, was an die Wand pisst. Sie verspricht den Schutz Gottes und den Bestand seines Hauses, ja sogar Sündenlosigkeit, wenn man ernst nimmt, dass man David sein Leben lang nichts Böses vorwerfen können wird (V.28). Und noch ein Segenswunsch folgt: „Wenn sich aber ein Mensch erhebt, um dich zu verfolgen und dir nach dem Leben zu trachten, dann sei das Leben meines Herrn beim Herrn, deinem Gott, eingebunden in den Beutel des Lebens; das Leben deiner Feinde aber möge der Herr mit einer Schleuder fortschleudern." (V.29). Feinde muss es wohl geben, sonst würde Jahwe nicht die Kriege Davids führen müssen. Und ein Feind, der ihn verfolgt, ist aktuell in Sicht: König Saul. Schließlich ist er es, vor dem David auf der Flucht ist. Abigail spricht nicht nur einen Segenswunsch für David aus, sondern einen Fluch über Saul, den amtierenden König. Sie nimmt damit Stellung in der aktuellen politischen Auseinandersetzung. Gleichzeitig klingt hier das Bild von Gott als Hirten an, der mit der Schleuder umgehen kann.

Jetzt erst fügt Abigail eine weitere Steigerung ihrer früheren Prophezeiung hinzu: Gott wird David nicht nur ein sicheres Haus errichten, sondern er wird all das Gute erweisen, „das er dir versprochen hat, und dich zum Fürsten über Israel" machen (V.30). *nagid* heißt hier der Titel, den Abigail gebraucht. *nagid* ist, anders als *melek*, König, der designierte künftige König. Die Designation und Erwählung Jahwes ist damit ausgedrückt, das Volk macht den *nagid* erst später zum König. Aufgrund dieser Vorbestimmung Davids durch Jahwe lässt sich dann begründen, dass David kein Blut ohne Grund vergießen darf: ohne Grund deswegen, weil Abigail ihm all das bringt, was er mit Recht beanspruchen kann. Er darf nicht nur kein Blut vergießen, er darf sich auch nicht selbst helfen: Jahwe ist seine Hilfe, auf die muss er vertrauen. Und schließlich fügt Abigail sehr praktisch hinzu: „Wenn der Herr aber meinem Herrn Gutes erweist, dann denk an deine Magd!" (V.31). Das wird David tun. Auch hier kommt wieder königliche Sprache zum Vorschein: Der Untergebenen gedenken gehört zu den ersten Aufgaben der Könige!

Damit ist die Rede Abigails abgeschlossen. In steter Steigerung hat sie David nahegebracht, dass er seine Zukunft als König aufs Spiel setzt, wenn er jetzt seinen Schwur wahrmacht. Stufe für Stufe führt Abigail David nicht nur die Folgen der Tat vor Augen, sondern preist ihn und sagt ihm den Schutz Jahwes, seine Vorbestimmung durch Jahwe und seine Bewahrung sein Leben lang voraus.

Sie führt hier schon die königliche Sprache im Mund, obwohl ein König David noch nicht in Sicht ist – noch nicht einmal in Hebron, geschweige denn in Jerusalem. Angesichts einer solchen Prophezeiung kann man seinen Zorn schon einmal hintanstellen, zumal die Forderungen erfüllt wurden. Das Gesicht bleibt gewahrt: Nicht um Nabals oder um all derer willen, die in Abigails Haus an die Wand pissten, wird von der Gewalt abgesehen, sondern um Davids willen, der Reinheit seines Namens und der Reinheit seines Hauses, seiner Vorbestimmung als Führer Israels und künftiger König.

3.6 Davids Dank

Dies drückt David in seiner Rede an Abigail selbst deutlich aus. Er preist Gott, der Abigail entgegengeschickt hat, er preist ihre Klugheit und er preist die Tat, „weil du mich heute daran gehindert hast, Blutschuld auf mich zu laden und mir selbst zu helfen" (V.33). Gepriesen sei Gott, Abigails Klugheit und ihre Tat. Dreimal steht *baruch*, gepriesen. Zuerst ist es Jahwe, ‚*elohey*' Israels, der Gott Israels, der Initiator war, dass Abigail sich auf den Weg machte. Dies ist eine Interpretation Abigails selbst (V. 26) gewesen: Sie glaubt wohl, dass der Gott Israels kein Gott des Blutvergießens, des Rachenehmens, der Gewalt ist. Sie glaubt an einen Gott, der den Ausgleich befürwortet und so Recht durchsetzt. Und dazu bedarf es menschlicher, hier weiblicher, Initiative, Klugheit und Tatkraft. Abigail braucht keinen göttlichen Boten, der ihr erscheint und einen Auftrag Gottes übermittelt. Dem Knecht haftet so etwas auch nicht an; sie trifft eine klare Entscheidung, Gewalt verhindern zu wollen und setzt ziemlich viel dafür ein. Gelobt wird ihr *taʿme*, das hebräische Wort für Verstand. Denn woher nimmt Abigail ihre prophetische Kraft, ihre Voraussicht, wie Davids Schicksal laufen wird? Sie hat wohl die Zeichen der Zeit erkannt und danach gehandelt, gegen alle Tradition, wie sich z. B. eine Frau ihrem Mann gegenüber zu verhalten hat. Sie hat die Zukunft gewonnen. Die Zeichen der Zeit erkennen heißt aber auch, einen größeren Horizont als den Augenblick im Kopf und im Blick zu haben. David mangelt es offensichtlich an Weitblick – und er hätte Abigails Klugheit später gut gebrauchen können. Denn er wird, trotz aller Prophezeiung, Blutschuld auf sich laden wegen seiner Frau Batseba. Doch da ist David dann schon König.

In gewisser Weise entbehrt dies alles etwas der Logik. David ist schließlich überzeugt, dass er zu Recht seinen Anteil einfordern und ihn mit Gewalt holen kann. Das bestreitet außer Nabal auch niemand, weder die Knechte Nabals noch Abigail. Im Gegenteil, sie selbst nimmt Schuld auf sich, weil David nichts erhalten hat. Wenn jetzt David davor bewahrt wird, *Blutschuld* auf sich zu laden, so wird er doch wohl vor einer ungerechtfertigten Tat bewahrt. Hatte Nabal doch recht? Ohne Abigail wäre David nicht abzuhalten gewesen, das bestätigt er schnell noch einmal selber. „Aber so wahr der Herr, der Gott Israels, lebt, der mich davon abgehalten hat, dir etwas Böses zu tun: Wärest du mir nicht so schnell entgegengekommen, dann wäre von Nabals Männern am anderen Morgen keiner mehr übrig gewesen.“ (V.34). Dieser Vers scheint mehr an die eigenen Männer gerichtet als an Abigail. Ihnen gegenüber muss David wohl noch einmal bestärken, dass er kein Schwächling ist, sondern gute Gründe hat, von der Tat abzusehen, die er doch geschworen hat.

Abigail wäre sicher auch Gegenstand seines Zorns gewesen, obwohl sie nicht zu denen gehört, die an die Wand pissen. Wahrscheinlich hätte der Zorn Davids auch nicht nur die Männer getroffen, sondern das ganze Gut und damit auch die Frauen und Kinder. Und wieder tritt uns das ‚schnell‘ entgegen, die Schnelligkeit Abigails scheint ein entscheidender Faktor zu sein.

Nun kommt die Szene zum Abschluss: David nimmt die Geschenke entgegen. Er wünscht ihr Frieden. Und nun hat Abigail an etwas zu denken. David erinnert sie: „Denk aber daran: Ich habe auf dich gehört und dich gnädig aufgenommen.“ (V.35). Das klingt wie ein Psalm, wie eine Erhörungszusage Gottes. Ich habe dich erhört. Ich habe dich gnädig aufgenommen; hier schimmert schon Davids Macht als König durch, der Gnade verteilt nach eigenem Gutdünken.

3.7 *Abigail und Nabal*

Die Mission Abigails ist geglückt, sie kehrt in ihr Haus zurück. Der Text scheint von unterschiedlichen Häusern von Abigail und Nabal auszugehen. David sagt zu Abigail: „Geh in Frieden hinauf in dein Haus.“ (V.35). Der nächste Satz erzählt, dass Nabal in ‚seinem Haus‘ ein Trinkgelage veranstaltet „wie ein König“ (V.36). Der wahre König David und der Möchtegern-König Nabal, der Tor, der betrunken ist und sich wie ein König gibt, werden hier gegenübergestellt. Es scheint, als wäre doch einige Zeit vergangen. Nabal, der doch gerade noch bei der Schafschur von 3000 Stück Kleinvieh war, der gerade die Knechte weggeschickt hatte und von Wasser für die Knechte gesprochen hatte, sitzt jetzt in seinem Haus und ist betrunken. Er feiert ein Fest und ist fröhlich. Abigail zieht ihre Konsequenz: „Darum erzählte sie ihm mit keinem Wort, was geschehen war, bis zum anderen Morgen.“ (V.36). Am anderen Morgen, da hätte das

Massaker stattgefunden, das Wort ist schon verschiedentlich aufgetaucht, vor allem im Schwur Davids.

An diesem Morgen wird Nabal seinen ersten Tod erleiden, aber anders, als David es dachte. David muss sich nicht selber helfen, um Nabal zu töten. Seine Torheit fällt auf ihn zurück. Denn nachdem Nabal von Abigail hörte, was sich zugetragen hat, heißt es: „Da versagte das Herz in seiner Brust, und er war wie versteinert.“ (V.37). Wörtlich heißt es: „Und es starb sein Herz im Innern“. Nabal ist im Prinzip hier schon tot, auch wenn er, so der Text, erst nach 10 Tagen stirbt (V.38). Zweimal finden wir hier das gleiche Verb für Sterben: Nabal stirbt einen doppelten Tod. Wenn sein Herz zu Stein geworden ist, dann muss es nur noch weggeschleudert werden – so, wie es den Toren ergeht. Niemand macht hier viel Federlesens mit Nabal, auch nicht Gott. Er hat keine Zukunft, ihm ergeht es, wie es Davids Feinden nach dem Segen der Abigail gehen soll. Nabals Leben wird fortgeschleudert aus dem Beutel des Lebens. So wie Abigail Saul mit Nabal gleichgesetzt hat, so gibt Nabals Schicksal hier einen Vorgeschmack auf Sauls Schicksal. Alle Feinde sollen fortgeschleudert werden aus dem Beutel des Lebens. Und allen Feinden soll es so ergehen wie Nabal (V.26). Hier haben wir also die Erfüllung der Ankündigung des Schicksals Nabals, das Abigail David prophezeit hat. Es war beschlossen bei Gott, schon als Abigail David traf.

3.8 David und Abigail

In V.39 kommt uns uneingeschränkt ein theologisches Konstrukt entgegen, das wir aus den Weisheitsbüchern kennen: der sog. Tun-Ergehen-Zusammenhang. Wer Böses tut, auf den fällt die böse Tat selbst zurück. Deutlich sind aber die theologischen Anklänge an die Armentheologie, die in den Psalmen zum Tragen kommt. David formuliert das: „Gepriesen sei der Herr, der meinen Rechtsstreit gegen Nabal wegen der Schmach, die mir angetan wurde, geführt hat und der seinen Knecht von einer bösen Tat zurückgehalten hat; die Bosheit Nabals aber hat der Herr auf ihn selbst zurückfallen lassen.“ (V.39). Ein Rechtsstreit, hebräisch *rib*, ein Wort, das aus den Psalmen bekannt ist. Der Schwache ruft Gott zu Hilfe gegen die böse Übermacht, seinen Rechtsstreit zu führen. David, der gerade noch als *nagid* und künftiger König Abigail gnädig angenommen hat, bestätigt noch einmal seine aktuelle Lage eines Unterdrückten. Er erweist sich damit als der Fromme, der gerecht ist und auf Gott vertraut. Diese Gerechtigkeit hatte ihm Saul kurz vorher zugesprochen (1 Sam 24,17ff.), nachdem David seinen Rechtsstreit mit Saul in Gottes Hände gelegt hatte (1 Sam

24,16). Gott selbst bestätigt seinen Anspruch jetzt, denn Nabals Tat und seine tödlichen Folgen zeigen, wie ungerecht Nabal mit David umgegangen ist. Der Rechtsstreit ist entschieden.

David hält sein Versprechen: er gedenkt Abigails, als er von Nabals Tod hört. Er schickt zu ihr, um sie zur Frau zu nehmen. Diese Entwicklung entfalten noch einmal V.40 und 41 ausdrücklich: „Die Diener Davids kamen zu Abigail nach Karmel, redeten mit ihr und sagten: David schickt uns zu dir, weil er dich zur Frau nehmen will." (V.40). Jetzt sind es Diener, *ebed*, nicht mehr junge Leute, wie sie bisher zu Nabal kamen. Wieder ein Wort aus dem königlichen Hof, die Macht Davids ist schon gestiegen, er nähert sich dem König-Sein an. Er hat nicht mehr junge Leute bei sich, sondern Diener. Diese scheint Abigail noch über sich zu stellen: „Sie stand auf, verneigte sich bis zur Erde und sagte: Deine Magd steht als Dienerin bereit, um den Dienern meines Herrn die Füße zu waschen." (V.41). Hier wird ein anderes Wort als vorher verwendet, nicht *amah*, die Frau, sondern *sipha*, die Tochter eines Mannes mit seiner Nebenfrau. Aber immer noch bleibt die Verwandtschaftsbezeichnung und Familienangehörigkeit, die Abigail schon einmal postulierte, erhalten. Sie will nicht dem Herrn die Füße waschen, sondern seinen Offizieren! Nach dieser Demutsgeste aber schreitet Abigail wieder unverzüglich zur Tat. Mitnichten wäscht sie den Männern die Füße. Sie steht „in aller Eile auf, setzte sich auf ihren Esel, und ihre fünf Mägde folgen ihr. Sie zog den Boten Davids nach und wurde seine Frau." (V.42). Schneller ging es nicht, Abigail ist wieder einmal in aller Eile unterwegs. Ihre Schnelligkeit hat ihr schon einmal das Haus gerettet, ihre Schnelligkeit gewährt ihr immerhin, eine der Frauen des zukünftigen Königs zu sein. Abigail beginnt da, wo sie David gegenüber aufgehört hat: zu seinen Füßen. Jetzt aber geht ihre Bewegung nach oben, sie steigt wieder auf den Esel und gewinnt damit gleiche Augenhöhe zu David. Dass sie nicht die einzige Frau ist, tragen die Verse 43 und 44 nach. Ahinoam repräsentiert das Gebiet Jesreel südlich von Hebron. Boten, *melek*, sind es jetzt wieder, nicht Diener. Und dass Abigail fünf Mägde mitnimmt, zeigt, dass sie selbst durchaus Herrin ist und nicht Dienerin, als die sie sich gerade noch bezeichnet hat. Es ist die Sprache der Großen und Mächtigen, sich als klein zu bezeichnen, ohne es zu sein.

Exkurs: Der Beutel des Lebendigen

Das Leben sei eingebunden in den Beutel des Lebendigen. Dieser Ausdruck wird auch übersetzt als „Beutel des Lebens" (EÜ) oder „Bündlein des Lebendigen" (Luther). Was ist das für ein Beutel? Über diesen Ausdruck ist viel gerätselt worden. Otto Eissfeldt[3] hat im Vergleich zu Texten aus dem altorientalischen Nuzi wie aus der jüdisch-rabbinischen Tradition deutlich gemacht, dass hier ein altes Bild vorliegt. Tontafeln in Nuzi sprechen von Taschen mit Steinchen, wofür für jedes Stück Kleinvieh ein Steinchen zur Registrierung aufgehoben wurde. Wurden Tiere verkauft oder gingen sie verloren, wurden entsprechend viel Steine herausgenommen. Wertvolle Dinge wurden in einen Beutel eingebunden, ein Bild, das später in das Bild des Buches der Lebendigen überging. Mit der Schrift und der Zunahme von Administration in Israel zur Zeit der Könige wird „das Buch des Lebens" als Bild sinnvoller. An einigen weiteren Stellen im Alten Testament kann der Beutel, der versiegelt wird, als Behältnis von etwas sehr Kostbarem verwendet werden. Davids Leben soll in den Beutel des Lebens bei Gott eingebunden sein. Dagegen aber soll das Leben der Feinde mit einer Schleuder weggeschleudert werden: weit weg, so dass es nicht gefunden wird und verstreut ist – eines der schlimmsten Schicksale, nicht begraben zu werden, sondern weggeworfen und vergessen zu sein. Das Bild der Schleuder erinnert gleichzeitig an den Sieg Davids über Goliath, der mit einer Schleuder erzielt wurde, eine Reminiszenz an die Jugendzeit Davids. Nabals Herz wird tatsächlich wie ein Stein, als er Abigails Nachricht bekommt. Sein Leben kann also weggeschleudert werden. Ganz anders David: Geborgen sein, eingebunden sein, im Leben geschützt-sein: das soll er bei Gott sein.

Nun ist aber die Geschichte Abigails nicht in der Zeit geschrieben, von der sie erzählt. Sie stammt mit Sicherheit aus einer späteren Zeit und will dort die Politik durch ein bestimmtes Verständnis der Vergangenheit nach ihrer Theologie steuern. Rechnet man damit, dass die Geschichte nicht einheitlich, sondern überarbeitet und besonders in der Rede der Abigail ergänzt worden ist, dann hat man schon zwei verschiedene Erzählzeiten, in denen die Geschichte etwas Bestimmtes begründen soll. Welche Funktion aber hat sie dann in ihrer jeweiligen Erzählzeit? Dieser Frage möchte ich jetzt etwas nachgehen.

1. *David und nicht Saul*

Die Geschichte Abigails gehört zur sogenannten Aufstiegserzählung Davids, einer Reihe von Erzählungen, in denen es um Davids erfolgreichen Weg zum König über ganz Israel geht. Sie reicht von 1 Sam 16,14 bis 2 Sam 5,5, wobei das Ende umstritten ist. Die Aufstiegsgeschichte selbst will David als idealen König vorstellen und seinen Weg als von Gott vorhergesehen und von Gott gewollt nachzeichnen. Sie dient letztlich dem Ruhm Davids. Diese Aufstiegsgeschichte ist aber verbunden mit einer Abstiegsgeschichte, nämlich des Abstiegs des Königs Saul. Diese beiden gegenläufigen Bewegungen in dem Text spiegeln die Auseinandersetzung zweier unterschiedlicher Konzepte von Königtum: des Konzepts des Nordens Israel und des Konzepts des Südens Juda. Saul steht für den Norden, David für den Süden. Aber noch eine zweite Auseinandersetzung überschneidet sich mit diesem Interesse. Das ist die Debatte darum, ob überhaupt ein König für Israel notwendig ist und ob das Haus David die richtige Königswahl ist.[4] Diese Auseinandersetzung wird nicht nur in der Zeit der Entstehung der Monarchie geführt, sondern auch in der Folgezeit. Besonders in der Rückschau auf die Geschichte Israels nach dem babylonischen Exil 587 bricht sich die Frage nach der Legitimation des Königtums in Israel massiv wieder Bahn.

David im Süden

Bevor David König über ganz Israel wurde, war er zunächst für sieben Jahre König in Hebron, also im Süden, in dem auch die Abigail-Geschichte spielt. Durch seinen Konflikt mit Saul, der im Norden beheimatet war, wurde er in den Süden abgedrängt. David verdankt seinen Aufstieg weniger spektakulären militärischen Erfolgen, als vielmehr einer geschickten Heiratspolitik, zu der auch die Heirat Abigails gehört. Das Ende dieser Geschichte berichtet von Ahinoam, der anderen Frau Davids aus Jesreel, einem Gebiet südlich von Hebron. Mit der Heirat dieser

Frauen übernahm David auch den Einfluss auf das Gebiet, in dem die Frauen, Angehörige großer mächtiger Familien, wohnten. Nabal kann als Kalebiter ein relativ großes Gebiet beherrschen. Das zeigt, dass in Juda die Traditionen von Herrschaft stärker räumlich bestimmt waren als im Norden, wo es eher um Zugehörigkeit zu bestimmten Clans ging, traditionell Stämme genannt. Herrschaft oder vielleicht nur eine gewisse Vorherrschaft über ein Gebiet im Süden konnte durchaus verschiedene ethnische Gruppierungen umfassen. Hier wurde weniger nach der Zugehörigkeit zu Israel gefragt.

Davids Werben um Einfluss im Süden zeigt sich z. B. auch deutlich in 1 Sam 30,26ff, wo David gegen die Amalekiter kämpft und danach die Beute nicht nur gerecht unter seinen Truppen, auch den zurückgebliebenen, verteilt, sondern auch an die Familienoberhäupter der Orte im Süden Judas Geschenke übergibt. Ein vielfältiges Beziehungsgeflecht sichert David die Gewogenheit der Leute im Süden. Dass er dort zum König von Hebron aufsteigt, meint wahrscheinlich nicht mehr, als dass er eine anerkannte Führungsposition hat. Man kann hier nicht mit einem zentralistischen Königtum rechnen, wie es sich später in Jerusalem entwickelt hat. Mit dem Süden bleibt die Idee der Dynastie, spezifisch der davidischen Dynastie, verbunden.

Saul im Norden

Saul, der Gegner Davids, steht dagegen für das Stämmekonzept im Norden. Der Norden bevorzugte das Modell des Wahlkönigtums. Dies wirkte sich auch in der Geschichte Israels aus. Nach der kurzen Zeit von David und Salomos Regierung, in der der Norden unter der Herrschaft des Südens war, brach sich dort mit der Loslösung von Juda und dem eigenen Staat Israel die andere Königskonzeption Bahn. Dynastiebildungen, die es in wenigen Ansätzen später im Norden gegeben hat, waren nicht so dauerhaft wie im Süden. Ab wann das historisch zutrifft, lässt sich nicht sicher eruieren; aber auch wenn Tendenzen der späteren Zeit hier in die Anfänge rückprojiziert werden, zeigen sie doch eine generelle Linie auf.

Die Abigail-Geschichte setzt sich deutlich vom Nordreich und vom saulidischen Königtum ab. Nabal wird in der Geschichte immer mehr mit Saul gleichgesetzt. Die volle Identifikation ist am Ende der Rede Abigails erreicht, wenn sie Davids Feinden ein Ende wünscht und Nabal genau dieses Schicksal erleidet. Denn die Geschichte ist auch eingebettet in die Konfliktgeschichten Sauls mit David.

David soll im Gegensatz zu Saul als der Mann aufgebaut werden, der der König der Zukunft sein kann und an dem die anderen gemessen werden. Ein weiterer Punkt der Ablehnung Sauls ist die Notiz bei der Heiratspolitik Davids: Michal, die Tochter Sauls, ist inzwischen an einen anderen vergeben. Nachdem David im Süden seine Macht ausgebaut hat, ist die Verbindung zu Saul nicht nötig und eigentlich auch gar nicht erwünscht. Vielmehr bringt Abigail, die Vertreterin des Südens, David in seinem Aufstieg zum König im Süden einen gewaltigen Schritt nach vorne – was letztlich auch zur Übernahme des Königtums von Saul.

Nabal steht aber nicht nur für Saul, sondern auch für all diejenigen, die das Königtum Davids ablehnen. Dies erfährt David während seiner Regierungszeit etwa in dem Aufstand des Scheba (2 Sam 20) und das erfährt die Dynastie Davids nach dem Tod Salomos, als sich das Nordreich vom Südreich trennt und eigene Wege geht. In beiden Fällen wird die gleiche Formel für Zurückweisung des Königsanspruchs des davidischen Hauses verwendet, wie Nabal sie in seiner Ablehnung von Davids Forderungen benutzt. „Welchen Anteil haben wir an David? Wir haben keinen Erbbesitz beim Sohn Isais. In deine Zelte, Israel!" (2 Sam 20,1). Der dieses ruft, wird wie Nabal von Anfang an als niederträchtig bezeichnet. Ebenso sprechen die Israeliten, also die Vertreter des Nordreichs, gegenüber dem Nachfolgekönig Salomos, Rehabeam: „Welchen Anteil haben wir an David? Wir haben keinen Erbbesitz beim Sohn Isais. In deine Zelte, Israel! Nun kümmere dich um dein Haus, David!" (1 Kön 12,16). Und so formuliert Nabal: „Wer ist David, wer ist der Sohn Isais?" Nabal hat ebenfalls keinen Besitz mit David gemeinsam. In der Geschichte geht es also darum, nicht nur Saul als Person und König, sondern auch das Nordreich mit seiner Eigenständigkeit und seiner Ablehnung der davidischen Dynastie zu desavouieren. Trotz der verschiedenen Konzeptionen von Herrschaft waren sich die beiden „Reiche" nahe. Doch wie so oft mussten auch hier gerade wegen der Nähe die minimalen Unterschiede betont werden, um die Eigenständigkeit herauszustellen. Dies führte später sogar zu Kriegen gegeneinander. Und so wird ganz aus der Perspektive des Südens, also Davids, Nabal hier als Saul gezeichnet, dessen Königtum keinen Bestand hatte.

2. *Weisheitliche Traditionen in der Geschichte der Abigail*

Die Erzählung 1 Sam 25 dient auch als weisheitliche Lehrerzählung. Die altorientalische Weisheit war neben der Lebensweisheit des Volkes auch am Königshof verankert. In Ägypten – und diese Tradition hat Israel übernommen – wurde die Weisheit zunächst eingesetzt, um die künftigen Könige zu erziehen und das sog. Königsrecht zu untermauern. Besonders nach dem Exil gewann die Weisheit eine starke Bedeutung, als die zentrale Regierung zerstört war. Hier besann man sich auf die alten Traditionen der Weisheit, um ein Leben in solidarischer Gemeinschaft zu organisieren. In dieser Zeit wird die Weisheit nicht mehr nur als Lebensweisheit, sondern als (göttliche) Frau Weisheit gezeichnet. Sie tritt jetzt in den Texten selbst auf (vgl. bes. Spr 1-9).[5]

Die weisheitliche Theologie kündigt sich gleich zu Beginn der Erzählung dadurch an, wie Abigail und Nabal beschrieben werden. Nabal ist böse (*ra^c*), während Abigail als *tob-schekel*, von gutem Verstand, guter Einsicht, geprägt ist. Der Gegensatz von *ra^c* und *tob* ist in der Weisheit der Gegensatz schlechthin, er bedeutet in letzter Konsequenz Tod oder Leben. Nabals und Abigails Schicksal sind damit schon von Anfang an vorgezeichnet. Gut und böse beziehen sich nicht auf das Sein der beiden, sondern auf ihre Handlungen, ihre Einsicht, ihre Urteile.

Die Erzählung arbeitet in ihrer weisheitlichen Prägung mit unzähligen Anspielungen auf Texte aus ihrer eigenen theologischen Tradition. Sie bräuchte die drastische Klärung am Anfang, wer gut und wer böse ist, gar nicht, um ihre Botschaft zu transportieren. Möglicherweise ist die Kennzeichnung am Anfang als gut und böse erst später hinzugekommen, quasi als Sicherheit, dass man die Geschichte auch richtig liest. Doch das ist nur eine Vermutung.

Nabals Torheit

Unzählige Sprüche der Weisheitsliteratur warnen vor dem Toren, der nur Unglück und Verderben bringt. Nabal, dessen Name im Hebräischen schon Tor, Dummkopf oder Narr, bedeutet, verkörpert das Gegenteil der Weisheit. Er erlebt das Schicksal des Toren, das in der Weisheit immer wieder als abschreckendes Beispiel gezeigt wird. Nabals Schicksal malt den Spruch aus: „Wer Verstand (Klugheit) besitzt, dem ist er ein Lebensquell, die Strafe der Toren ist die Torheit selbst.“ (Spr 16,22).

Nabal wird mit der Namensgebung als Tor, mit seiner Eigenschaft als böse (*ra^c*)und seiner Herkunft als Kalebiter quasi im „overkill“ gleich dreimal abgestempelt. Mit der Bezeichnung „Kalebiter“ spielt der Text im Hebräischen. Das Wort hat Anklänge an das Wort „Hund“; so könnte man auch lesen, er sei „wie ein Hund“ – eine starke Beschimpfung. Seine Abwertung durchzieht die ganze Geschichte. Der Knecht nimmt kein Blatt vor den Mund, als er Abigail vom

Verhalten Nabals berichtet und ihn als unverständig kennzeichnet. Und auch Abigail bezeichnet das, was Nabal getan hat, als böse, als *belial*. Damit sind Nabals Handlungen nach weisheitlichem Verständnis eindeutig der negativen Sphäre zugeordnet, die nur Unglück und Verderben bringt.

Nabal selbst untermauert schließlich noch einmal seine Torheit. Denn er ist betrunken, als Abigail zurückkehrt. Betrunkensein ziemt sich aber nicht für Herrscher, wie Spr 31,4.5 deutlich machen: „Könige sollen sich nicht, Lemuël, Könige sollen sich nicht mit Wein betrinken, Fürsten nicht berauschenden Trank begehren. Er könnte beim Trinken seine Pflicht vergessen und das Recht aller Notleidenden verdrehen." Da Nabal einerseits zum künftigen König David in Konkurrenz steht und andererseits stark mit Saul identfiziert wird, hat dieses Detail der Erzählung nicht nur burlesken Charakter, sondern durchaus weisheitliche (und damit auch politische) Botschaft. Über diese Verbindung wird auch gleichzeitig das saulidische Königtum und das Nordreich Israel zu den Toren gerechnet, die nicht auf Jahwes Wegen gehen und in ihr Verderben rennen müssen.

Nabal, der das Recht verdreht hat, erleidet jetzt das Schicksal, das ihn unweigerlich ereilen muss. Sein Herz stirbt, heißt es. Das hört sich nach Herzschlag an, kann es aber nicht sein, da Nabal noch 10 Tage lebt und erst dann endgültig stirbt.

Das Herz ist im Hebräischen, anders als bei uns, das Zentrum, das Innere, und zwar Sitz der Vernunft, des Verstandes und des rechten Entschlusses.[6] Die Weite des Herzens meint Bildung. Ist jemand ohne Herz, dann ist er gedankenlos, unvernünftig und dumm. Das Herz entspricht also mehr unserem Gehirn. Es ist der Sitz des Verstehens und damit natürlich auch entscheidend für die Weisheit. Stirbt Nabals Herz, ereilt ihn das Schicksal der Törichten, die Tod und Verderben bringen. Die Taten des Menschen fallen jeweils auf ihn zurück, hier kommt der sog. Tun-Ergehen-Zusammenhang der Weisheit zum Tragen. An Nabal wird dies durchexerziert. Das Böse *ra*ᶜ als Symbol für den Tod war Nabal schon in seiner ersten Charakterisierung angekündigt. Hier ereilt er ihn.

Abigails Weisheit

Abigail erscheint in der Charakteristik als die weise Frau, die mit gutem Rat David von dem falschen Weg abhält. Sie steht für das Gute, für die Klugheit und die Weisheit. Ihre Beschreibung bzw. ihre Position als Frau des großen

Gutsbesitzers lässt sie wie ein Beispiel für die kluge Frau in Spr 31 erscheinen. Allerdings fehlt ihr zunächst der Mann, der auf sie hört, wie es in Spr 31,10-31 vorgesehen ist. Ihn gewinnt sie mit David. Als Gutsbesitzerin, die selbständig das Gut verwaltet, sorgt sie nicht nur für sich und die Mehrung ihres eigenen Reichtums, sie sorgt für Arme und Bedürftige, aber auch für diejenigen, die in ihrem Haus arbeiten. „Noch bei Nacht steht sie auf, um ihrem Haus Speise zu geben und den Mägden, was ihnen zusteht." (Spr 31,15). Hier eilt Abigail, um sich und ihre Leute zu bewahren, nachdem diese sich an sie gewandt hatten.

Abigail ist damit eine der weisen Frauen, von denen in der Geschichte Israels immer wieder erzählt wird. Gerade in den Samuel-Büchern treten an entscheidenden Punkten der Geschichte weise Frauen auf, die mit ihrem Rat in die Geschehnisse eingreifen und auf die gehört wird. Ein Beispiel dafür ist etwa die weise Frau von Abel-Bet-Maacha (2 Sam 20), die die Vernichtung der Stadt durch den Feldherrn Joab verhindert. In 2 Sam 14 tritt die weise Frau aus Tekoa auf, die König David durch eine List und weisheitliche Rede davon überzeugt, dass er seinen Sohn Abschalom nicht verstoßen soll. Weise Frauen, das ist offensichtlich ein Amt, das beratende Frauen mit großem Einfluss und Diplomatie innehaben. Ihr Rat geht jeweils hin zur Rettung von Leben einzelner oder einer Gemeinschaft. Neben diesen quasi ein eigenes Amt ausfüllenden Frauen gibt es noch die beratenden Ehefrauen, wie die beratenden Königsmütter oder Mütter des Volkes. Rat und Weisheit, Ratgeberinnen und prophetisch begabte Rednerinnen zeigen die Bedeutung dieser Personen. Gerade in den Königsgeschichten nehmen die beratenden Frauen eine wichtige Rolle ein. Beratung und Weisheit war also in Israel keineswegs eine Männerdomäne. „Frauen hatten Einfluss auf ihre patriarchale Umwelt. Prophetisch begabten Frauen, Ehefrauen und Müttern stand es zu, diesen Einfluss durch ihren Rat geltend zu machen und in Taten umzusetzen. Die hohe Autorität der Frau als Ratgeberin ist dabei offensichtlich nicht schichten- oder klassengebunden. Die Erzählungen spielen sowohl an Königshöfen wie auch auf dem Land."[7]

David wird auf die Pfade der Weisheit geführt

In den weisheitlichen Spruchsammlungen gibt es eine Reihe von Texten, die sich auf den König bzw. auf das Verhalten am Hof beziehen (Spr 25; 31 u.a.). Man könnte die Auseinandersetzung Davids mit Nabal fast als Ausmalung des Spruches 25,5 sehen: „Scheidet man den König vom Frevler, erlangt dessen Thron Bestand durch Gerechtigkeit."

David scheint durch die Weisheit, hier in Gestalt der Abigail, zu seinem Amt erst erzogen zu werden. Zunächst handelt er nämlich völlig gegen jeden Rat der Weisheit. Er hätte sich bei seinem Schwur, „alles, was an die Wand pisst, umzubringen", besser den weisheitlichen Spruch zu Herzen genommen: „Eine Falle ist es, unbedacht zu rufen: Geweiht!, und erst nach dem Gelübde zu überlegen." (Spr 20,25). Der Konflikt wäre so nicht entstanden, hätte er sich zu Herzen genommen: „Antworte dem Tor nicht, wie es seine Dummheit verdient, damit nicht auch du ihm gleich wirst." (Spr 26,4). Krieg und Eroberungen gehören nicht zur Welt der Weisheit. „Besser ein Langmütiger als ein Kriegsheld, besser, wer sich selbst beherrscht, als wer Städte erobert." (Spr 16,32). Welch Verderben Davids Zorn brächte, illustriert der Satz: „Des Königs Grimm gleicht Todesboten; aber ein Weiser kann ihn besänftigen." (Spr 16,14). Eine solche weise Frau, die den Grimm des Königs besänftigt hat, war Abigail.

Abigail aber, die *tob* ist, hat das Leben. Und sie vermittelt das Leben auch an David, so wie die Weisheit dafür sorgt, dass diejenigen, die sich nach ihr richten, leben werden. Abigail gibt David den Rat, den auch Spr 20,22 parat hält: „Sag nicht: Ich will das Böse vergelten. Vertrau auf den Herrn, er wird dir helfen". Jetzt erst gibt David ein musterhaftes Beispiel für das Verhalten eines Königs ab: Er folgt dem Rat, und er erhält dafür seinen Lohn. Sein Widersacher stirbt, er kann Abigail zur Frau nehmen und damit sein Königtum begründen. Die Weisheit und ihre Theologie bzw. Ethik malt an dieser Geschichte des Aufstiegs Davids aus, was derjenige gewinnt, der sich ihr anvertraut, der nach ihrer Lehre handelt und diese beherzigt.

Diejenigen, die diese Geschichte mit diesem Akzent gestalteten, wollen deutlich machen: David ist der Prototyp des gerechten und weisen Königs, der sich an die Weisheit hält, die ihm in der Gestalt der Abigail entgegenkommt. So kann gezeigt werden, dass David auf dem Weg Jahwes geht und deshalb zu Recht das Königtum und die Macht gewinnt. Er wird bewahrt und eine beständige Zukunft haben.

3. *Prophetin Abigail: Das Haus David wird Bestand haben*

Abigail ist aber nicht nur die weise Ratgeberin und Vertreterin der Weisheit, sie ist auch Prophetin. Ganz im Gegensatz zur unterwürfigen Geste des Niederfallens spricht sie mit David sehr bestimmt. Sie sagt: „Der Herr hat dich vor Blutschuld bewahrt", so, als ob es gar keine Frage mehr sei, dass David jetzt nicht weiterziehen und seinen Plan ausführen würde. Und in dieser gleichen Autorität spricht sie ihm das künftige Königtum zu. Dies ist die erste der prophetischen Verheißungen an David, die ein „beständiges Haus" vorher- und zusagt. Inhaltlich ist es die gleiche Verheißung wie die Natan-Weissagung aus 2 Sam 7: „So spricht der Herr der Heere: Ich habe dich von der Weide und von der Herde weggeholt, damit du Fürst über mein Volk Israel wirst, und ich bin überall mit dir gewesen, wohin du auch gegangen bist. Ich habe alle deine Feinde vor deinen Augen vernichtet, und ich will dir einen großen Namen machen, der dem Namen der Großen auf der Erde gleich ist." (2 Sam 7,8-9). Damit steht Abigail in einer Reihe mit dem großen Propheten Natan. Während aber Natan eine Offenbarung Gottes hatte, mit dem Befehl, diese Worte an David zu sprechen, wird von Abigail nichts dergleichen erzählt. Als weisheitliche Prophetin kann sie selbst die Wege Gottes deuten und die Zeichen der Zeit erkennen.

Abigail propagiert als göttlichen Wunsch gleichzeitig ein Königsmodell, dessen Ideal zwar angestrebt, aber oft nicht (letztlich auch von David nicht) erreicht wurde: das Ideal des gerechten Königs. Gerade in den Texten, die das Königtum angreifen und seine Notwendigkeit bestreiten, wird die Gerechtigkeit des Königs vermisst: Der König wird jemand sein, der das Volk ausbeutet, der seine Macht missbraucht und der sich mit Gewalt nimmt, was er will - ob es ihm zusteht oder nicht. Die Ausbeutung durch Salomo und seinen Nachfolger war der Grund für das Nordreich, sich wieder von Juda zu lösen. Die Jotam-Fabel in Ri 9 oder die Rede Samuels 1 Sam 8,10ff. beschreiben den König genau mit solchen negativen Eigenschaften. Abigail aber bringt David hier zumindest dazu, dem Ideal des Königs zu entsprechen, der sich nicht mit Gewalt Recht schafft. Im Gegenteil: auf Gewalt wird verzichtet und das Recht hat Vorrang. Aber auch Recht wird im Vertrauen auf Gott nicht mit Gewalt durchgesetzt. David folgt hier dem Ps 74,22, wo ein Rechtloser Gott anruft: „Erheb dich, Gott, und führe deine Sache! Bedenke, wie die Toren dich täglich schmähen."

Drei Worte tauchen in diesem Vers auf, die auch in 1 Sam 25 erscheinen: das Wort für Rechtsstreit, *rib*, das Wort für Tor, *nabal*, und das Wort *ḥrph*, schmähen, verhöhnen. So haben wir also in der Geschichte eine weisheitliche Lehrerzählung, die David und Davids Dynastie gegenüber dem wohl schon eigenständig existierenden Nordreich rechtfertigen will und die Dynastie Davids gleichzeitig mit der Weisheit und damit der Führung Gottes verbindet.

4. *Die Erzählzeit der deuteronomistischen Bearbeitung im Exil: Hoffnung für die Zukunft*

Die Zusammenstellung der Texte über das Königtum in Juda und Israel war besonders wichtig in der Zeit, als die Institution Königtum verloren war. Nach der Zerstörung Judas 587 v.Chr., als die Oberschicht im babylonischen Exil war, unterzog man die Geschichtsdarstellung immer wieder einer Revision. Denn natürlich blieb die drängende Frage: Wie konnte es geschehen, dass Jerusalem samt dem Tempel, der Stätte der Anwesenheit Jahwes, zerstört wurde? Wie konnte Juda zerstört werden, wo doch Gott selbst den Bestand des Königtums zugesagt hatte? Wie konnte Gott sein Volk in die Hände seiner Feinde geben? Hätte man keine Antwort auf diese Fragen gefunden, wäre nur die Alternative geblieben, sich den Göttern Babylons als den stärkeren Göttern zuzuwenden. Das Exil Israels ist theologisch der entscheidende Wendepunkt für die Entwicklung des Monotheismus und die Entwicklung der ganzen weiteren jüdischen Theologie.

Natürlich gab es nicht nur *eine* Interpretation, warum Juda so katastrophal zerstört wurde. Man wird sich die rückblickende Geschichtsschreibung und die theologische Diskussion darüber sehr widerstreitend vorzustellen haben – nicht anders als heute. Interessant ist, dass bei einem Teil der Diskutierenden, nämlich der deuteronomistischen Strömung, das Königtum als solches kaum in Frage gestellt wird, aber die einzelnen Könige einer Bewertung unterzogen werden, ob sie sich theologisch immer einwandfrei verhalten haben. Ein Kriterium dafür ist, inwieweit sie der Richtung anhingen, die die „Jahwe-allein-Bewegung" genannt wird. Sie hat im Exil die Oberhand gewonnen und ist die Grundlage für den sich daraus entwickelnden Monotheismus, der für die Königszeit noch nicht anzunehmen ist. Jetzt unterliegen Geschichte und Bewertung der Könige der Frage, ob sie etwas gegen die anderen Götter und Göttinnen unternommen haben oder nicht, weil letzteres als Grund gesehen wird, warum Gott sein Volk aufgegeben hat. Danach verteilt sich Gut und Böse. Der mangelnde Einsatz zugunsten Jahwes ist die Voraussetzung für die Strafe, die zur Vernichtung führte.

In diesen Kreisen schwächte sich die Hoffnung auf ein Wiedererstarken der davidischen Dynastie und des Hauses Davids nicht ab, sondern nahm im Gegenteil stark zu. Die messianische Hoffnung auf einen „neuen David" hat hier ihre Ursprünge. Aus dieser theologischen Richtung können auch einige Ergänzungen und Wendungen, besonders in der Rede der Abigail, stammen. Sie geben dem ganzen ihre eigene Wendung, gerade wenn es um die Legitimation der Davidsdynastie geht. „Die ewige Dynastie“: so umschrieb Timo Veijola das Verständnis dieser Theologie vom Haus David.[8] Denn der neue, kommende David wird dem Ideal des gerechten und gottesfürchtigen – und deshalb gerechtfertigten Herrschers – entsprechen. Diese Hoffnungen wurden in die alten Davidstraditionen eingeschrieben. Sie unterlagen jetzt einer Revision, wobei David legitimiert und aufgewertet wurde, wie in den ergänzten Teilen der Abigail-Rede. Damit konnte David als das Urbild des rechten Königs gezeichnet werden, der sich dann als Vor- und Gegenbild gegen die anderen Könige abhob. Zu dieser Funktion der Geschichte würde passen, dass David als Unschuldiger hingestellt wird, der eigentlich davor zurückscheut, unschuldiges Blut zu vergießen und hier nur im Zorn handelt. Es war wohl eine sehr bedrängende Erfahrung der Zeit, wo das Blut Unschuldiger in vielfacher Weise vergossen wurde, dass von einem David erzählt wird, der genau dies nicht tut. Eine tiefe Hoffnung auf Frieden kommt dabei zum Tragen.

Diese Sichtweise spielt auch in den rahmenden Kapiteln 24 und 26 eine Rolle. Als David seine Dynastie begründet, ist er vollkommen, gerecht und fromm, was sich an seinem Verhältnis zu seinem Feind Saul zeigt, den er töten könnte, aber zweimal verschont. In diesem Kampf zwischen David und Saul verzichtet David darauf, sich selbst Recht zu verschaffen, sondern vertraut auf Gott, der ihn führen wird. Das zu zeigen war ein heikles Unterfangen. Denn der Titel *nagid*, der zunächst bei Saul lag, geht auf David über und damit die göttliche Erwählung, die eigentlich einmal Saul galt. Die Ablösung Sauls durch David ist somit gerechtfertigt. Davids Unschuld, die durch seinen Schwur in Gefahr gerät, wird letztlich gerettet, so dass er auch als König später nicht ins Stolpern gerät. David erhält hier die Verheißung eines beständigen Hauses, die sich später erfüllen wird. Dadurch wird die Geschichte selbst zum Betätigungsfeld des göttlichen Verheißungswortes.

Damit gewinnt die Erzählung über Nabal, David und Abigail in der Zeit des Exils eine neue Qualität. Es geht in dieser Erzählzeit nicht mehr nur darum, dass sich das Südreich gegenüber dem Nordreich rechtfertigt und die davidische Dynastie als von Gott gewolltes Königtum (anders als das Nordreich) erscheint. Jetzt ist sie eine Bestätigung dafür, dass das Exil nicht das absolute Ende Judas ist, sondern Davids Haus auch darüber hinaus Bestand haben wird. Auf das Königtum, spezifisch das davidische Königtum, kann gesetzt werden als neue Hoffnung für Juda. Juda, das zerstört und viel zu schwach ist, um irgendwie auch nur an Rache denken zu können, wird darin bestärkt, Gott sein Schicksal zu überlassen.

Die Hoffnungen auf das davidische Königtum nach dem Exil werden in Gestalt einer Geschichtsaussage ausgedrückt. Denn Geschichte wird nicht um ihrer selbst willen geschrieben, ihre Erzählung hat einen Sinn für die Gegenwart und Zukunft. Die Vergangenheit wird im Licht der Gegenwart ausgelegt. Mit dieser Rückschau wird eine Zukunftshoffnung verbunden. Wenn der Verfasser davon spricht, dass David kein unschuldiges Blut vergossen hat, so will er damit sagen, dass der zukünftige König kein unschuldiges Blut vergießen wird. Wenn David Recht und Gerechtigkeit geübt hat, wird der zukünftige Messias Recht und Gerechtigkeit üben. Wenn David sich von der Weisheit hat leiten lassen, so wird die Weisheit auch in Zukunft den König führen. Die Vergangenheit spiegelt also die Zukunft und gibt Hoffnung für die Gegenwart. So wie Gott Davids Rechtsstreit geführt hat, wird er auch gegenüber Babylon Israels Rechtsstreit führen. Entsprechend enthusiastisch wurde schließlich auch der Untergang Babylons durch den Sieg der Perser gefeiert und der Perserkönig Kyros als der neue Messias besungen.

Diese Sichtweise war nicht die einzige in Israel, aber es ist die für unsere Geschichte dominante Sichtweise. Andere Theologien im babylonischen Exil – das kann hier aber nur angedeutet werden - setzen nicht mehr auf Jerusalem und einen König. Sie hoffen auf die Propheten, auf die Israel nicht gehört hat, die aber Recht behalten haben und folglich in Zukunft Israel führen sollen. Auch das Gesetz spielt eine wichtige Rolle, allerdings weniger in Abhängigkeit vom Königtum, als vielmehr als Offenbarung Gottes an das Volk direkt. Entsprechend negativ werden in dieser theologischen Schule die Könige und auch David gezeichnet. Aus dieser Quelle stammen die Geschichten um David, die seine Sündhaftigkeit betonen. Hier gibt es keine Hoffnung auf eine neue Davidsdynastie.

5. *Nicht Rache, sondern Recht - und dadurch Gewalt verhindern*

Rache schwört David – Recht fordert Abigail. Sie hat die Traditionen der Weisheit, die Gunst Jahwes und letztlich die Bestätigung durch die Geschichte auf ihrer Seite. Recht walten lassen ist eines der obersten Ziele für den König in der weisheitlichen Lehre. Und Gerechtigkeit ist ein zentrales Attribut Gottes und Ziel für das Zusammenleben von Menschen.

Rache scheint nur auf den ersten Blick die „normale" Reaktion auf vermeintliches oder erlittenes Unrecht zu sein. Schon der Racheschwur, den David ausgestoßen hat, zeigt, dass Rache in keiner Weise angemessen ist. Wenn David keinen einzigen der männlichen Bewohner übrig lassen will, so ist die erste Frage, wieso denn die Hirten und Knechte für Nabals Verhalten mit ihrem Leben bezahlen sollen. Außerdem bleibt hier schon offen, was dann zukünftig mit den Frauen und Kindern geschehen wird.

Viele Interpretationen zeichnen David als einen, der nur das normale Gastrecht verlangt oder der in der Situation des Bedürftigen ist, weil er mit Ausgestoßenen umherzieht. Doch wenn man sich die drohende Konfrontation der Erzählung ansieht, dann hat diese 600 Mann starke Truppe nichts Kleines oder Bedürftiges an sich. Immerhin ist sie so stark, dass David damit als Truppe bei den Philistern in Dienst treten kann. 400 bewaffnete, rachsüchtige Männer ziehen hier gegen ein großes Gut- zweihundert bleiben beim Gepäck! David ist hier deutlich als der Mächtigere gezeichnet, der militärisch Starke, an Waffen überlegene. Wäre die militärische Stärke halbwegs gleich, hätte der Knecht nicht die ungewöhnliche Alarmierung Abigails inszenieren müssen. Denn er fürchtet, es gebe sonst keine Chance.

Menschliche Rache lässt in der Regel jede Verhältnismäßigkeit vermissen. Rache schädigt andere, Unbeteiligte, Unschuldige und nimmt dies billigend in Kauf. Dies gilt wohl um so mehr, wenn militärisch Überlegene Rache nehmen - sie werden nicht durch fehlende Mittel in ihrer Rache begrenzt. Sie müssen auch keine Reaktion fürchten, die wiederum die Rache rächt.

Gerechtigkeit und Recht dagegen setzt allen Grenzen: denen, die Schaden zufügen, wie denen, die ihn ersetzt haben wollen. Das berühmte „Auge um Auge, Zahn um Zahn" formuliert genau diese Verhältnismäßigkeit. Es meint nicht wörtlich, auch ein Auge auszustechen, sondern es zeigt in einem plastischen Bild, dass der Ersatz nicht mehr sein darf als das, was verloren ist. Rachegefühle sind eine Realität, die sich etwa in den Psalmen *(im Gebet!)* Ausdruck verschafft. Aber was dann mit dem Rachewunsch geschieht, bleibt Gott vorbehalten. Das Gefühl wird nicht geleugnet, aber die Rache darf nicht selbst ausgeführt werden. Hierbei spielt die Machtfrage eine wichtige Rolle: Die Betenden sind nahezu alle *nicht* in der Situation, ihre Wünsche auch umzusetzen. Und nur so ist es erlaubt, Rache in den Mund (nicht in die eigene Hand) zu nehmen. Den Mächtigen dagegen, die militärische wie andere

Druckmittel besitzen, ihren Willen durchzusetzen, gilt eine ganz andere Botschaft. Sie haben für Gerechtigkeit zu sorgen.

Auch das „funktioniert“ in der Geschichte nach Plan. Nabal ereilt der Tod, das Schicksal des Toren, der die Weisheit und damit Jahwe verachtet. Aber eben nur Nabal und niemand sonst.

Diese Notwendigkeit, Rache zu begrenzen, weil sie Recht außer Kraft setzt und fast immer zum Unrecht wird, ist immer wieder sehr aktuell. Rache ist heute selbst in der Politik im Verhältnis zwischen Völkern eine bittere Realität. Die Bemühungen im Sommer 2001, die gewaltsamen Auseinandersetzungen um die al-Aqsa-Intifada zu beenden, geben ein beredtes Beispiel. Demonstrationen, Tote, Rache, Militärschläge und schließlich Bombardierungen ganzer palästinensischer Siedlungen als Rache für einen Terroranschlag in Tel Aviv - die Gewaltspirale drehte sich nach oben und bestätigt, was schon die biblischen Erzählungen sagen: Rache und Weisheit, Rache und Recht, Rache und Gerechtigkeit widersprechen sich.

6. *Abigail im Gottesdienst zum Weltgebetstag der Frauen 2002: Beispiel einer kontextuellen Auslegung der Abigail-Geschichte*

Frauen aus Rumänien verfassten die Liturgie zum Weltgebetstag der Frauen 2002.[9] „Zur Versöhnung aufgerufen“ ist ihr Thema – eine wirkliche Herausforderung für das rumänische Weltgebetstagskomitee. Denn sprachliche, ethnische, konfessionelle und soziale Grenzen trennen Rumäniens Bevölkerung mehr als dass sie diese verbinden. Nach dem Fall des eisernen Vorhangs und der Revolution 1989 gegen das Regime des Diktators Ceaucescu sah sich Rumänien vor schwierigen Problemen und ein langer Weg liegt noch vor dem Land. Natürlich gilt dies nicht nur für Rumänien. Der Weltgebetstags-Gottesdienst wird in 170 Ländern gefeiert und in vielen Kontexten politischer, religiöser oder ethnischer Spaltung muss die Aufgabe der Versöhnung immer wieder neu angegangen werden.

Die rumänischen Frauen, die ihren Gottesdienst ökumenisch erarbeiteten, sahen in 1 Sam 25 einen für ihren Kontext bedeutungsvollen Text. Abigails Vorbild in ihrem Glauben, ihrem Mut, ihrer Tatkraft und ihrer Geistbegabung steht für die Aufgaben, aber auch Möglichkeiten für das Handeln von Frauen heute.

Doch bevor Abigails Handeln zum Tragen kommt, führt die Liturgie zunächst in die Schwierigkeiten ein, denen sich die Bevölkerung in Rumänien ausgesetzt sieht. Der Gottesdienst führt diese Schilderung in ein Schuldbekenntnis über. Mit den Worten oder einem Lied, das Ps 51 aufnimmt, wird Gott um Erbarmen und Vergebung gebeten. Die Bitte um Vergebung leitet über in die Symbolhandlung der Vergebung aus Ez 36,25-28. In Ps 51 finden sich Worte, die in Ez 36 erneut auftauchen: Die Bitte um ein reines Herz.

Ps 51 fleht:
„Erschaffe in mir, Gott, ein reines Herz,
und gib mir einen neuen, beständigen Geist!
Verwirf mich nicht von deinem Angesicht,
und nimm deinen heiligen Geist nicht von mir.
Mach mich wieder froh mit deinem Heil,
mit einem willigen Geist rüste mich aus.
Dann lehre ich Abtrünnige deine Wege
und die Sünder kehren um zu dir.
Befrei mich von Blutschuld, Herr, du Gott meines Heiles,
dann wird meine Zunge jubeln über deine Gerechtigkeit." (V.12-16)

Nun haben die rumänischen Frauen nicht genau diese Verse des Psalms ausgesucht. Dennoch passt er sehr gut zum ganzen Duktus der Liturgie. Denn das neue Herz, das erfleht wird, und der beständige Geist kommen in der Zusage Ezechiels zum Tragen. Es ist ein neuer Geist, ein neues Herz, das in dem Versöhnungsritus zugesprochen wird.

Ez 36, 25-28:
„Ich gieße reines Wasser über euch aus, dann werdet ihr rein. Ich reinige euch von aller Unreinheit und von allen euren Götzen. Ich schenke euch ein neues Herz und lege einen neuen Geist in euch. Ich nehme das Herz aus Stein aus eurer Brust und gebe euch ein Herz aus Fleisch. Ich lege meinen Geist in euch und bewirke, dass ihr meinen Gesetzen folgt und auf meine Gebote achtet und sie erfüllt. Dann werdet ihr in dem Land wohnen, das ich euren Vätern gab. Ihr werdet mein Volk sein und ich werde euer Gott sein."

Gottes Zusage eines neuen Herzens aus Fleisch und die Zusage seines Geistes geht an das Volk Israel, das im Exil ist und dort Gottes Namen befleckt. Es ist zerschlagen und bekommt erneut gesagt, es sei durch seine eigene Schuld in diese Lage geraten. Damit aber der Name Gottes nicht länger befleckt und verdunkelt wird, deshalb lässt Gott das Volk zurückfinden - es kommt nicht aus eigener Initiative oder Kraft zu Jahwe zurück. Die Katastrophe ist so groß, dass nicht Umkehr, sondern nur Gottes Initiative mit totaler Neugestaltung des Volkes einen Neubeginn ermöglicht. Mitten in der Katastrophe, in der Ezechiels Prophezeiung angesiedelt ist, war das anders kaum denkbar.

Das neue Herz erfleht Ps 51 – ein neues Herz pflanzt Gott Israel nach Ezechiel ein. Das Stichwort „Herz" verbindet diese Texte mit der Abigail-Geschichte, wenn auch dadurch, dass genau das Gegenteil geschieht. Denn Nabals Herz versagt und wird „wie versteinert" (V. 37). Er stirbt buchstäblich an der Hartherzigkeit – denn ihm fehlt die Umkehr. Dass sein Herz wie Stein wird, macht es Gott möglich, sein Leben fortzuschleudern, so wie Abigail das allen Feinden Davids wünscht.

Noch ein zweiter Vers aus Ps 51 schlägt eine Brücke zu der Abigail-Geschichte. Der/die Betende bittet nicht nur um ein neues Herz, sondern auch um die Befreiung von Blutschuld (V.16) – der Sünde, vor der David durch Abigail in letzter Minute bewahrt wird. In der Weisheit Abigails begegnet David etwas von Gottes Geist. Er kann jetzt seine Zunge jubeln lassen über Gottes Gerechtigkeit, denn Nabals Tod rechtfertigt ihn.

Die Gemeinde erhält die Zusage des Erbarmen Gottes, die Zusage eines neuen Herzens und eines neuen Geistes. Diese Gnade Gottes folgt dem bekundeten Willen zur Umkehr. Die Gnade erst ist es, die jetzt alle zum Handeln befähigt, Abigail als Vorbild zu sehen und ihr in ihrem Handeln nachzufolgen. Ohne diese Gnade Gottes, die allem Handeln entgegenkommt, würde das Vorbild Abigails zum Leistungsprogramm ausarten, das in seiner Vollkommenheit eher abschreckend denn ermutigend wäre. Gerade angesichts der großen Probleme in Rumänien kann man sich leicht überfordert und entmutigt fühlen. Vier Aspekte stehen dabei im Vordergrund: Abigails Weisheit, ihr Glaube, ihr Mut und ihre Prophetie. Doch wer wollte dieses Bündel an Tugenden schon für sich beanspruchen? Der Geist Gottes, sein Geschenk eines neuen Herzens an alle, die willig sich beschenken lassen wollen, eröffnet die Chancen, den eigenen guten Seiten Raum zu geben und nicht krampfhaft Leistung bringen zu müssen: Etwa Mut zeigen zu sollen, wenn er nicht da ist. Der Geist, die Befreiung von allen Belastungen aber schafft Luft und Raum für Neues.

Abigails Vorbild: Weisheit, Mut, Glaube und Prophetie

Die *Weisheit* Abigails (s. S. 27) lässt sie die Gefahr erkennen und handeln. Die Weisheit selbst ist es, die die Zeichen der Zeit richtig deuten und Todbringendes und Verderben erkennen kann. Sie lässt Abigail handeln: Entschlossen, ohne große Worte, wirkungsvoll. Diese Fähigkeit, das zu erkennen, was zerstörerisch, todbringend und schädigend ist, wäre heute dringend nötig. Gerade in Zeiten, wo Ursachen für Armut, Zerstörung, Gewalt und Not immer schwieriger zu durchschauen sind, benötigen alle die Weisheit, die Dinge und Personen beim Namen zu nennen, die dazu beitragen, dass Menschen unter Bedingungen leben müssen, wie es am Anfang des Gottesdienstes geschildert wird.

Der *Mut* Abigails zeigt sich in ihrer Entschlossenheit, David bei einem Angriff mit 400 bewaffneten Männern als Frau allein entgegenzutreten und ihn herauszufordern, dieses Vorhaben abzubrechen. Die Begegnung hätte für sie tödlich enden können. Zerstörerischen Menschen in den Arm zu fallen oder im gesellschaftlichen Engagement für Schwache einzutreten, erfordert Mut. Der Kampf um Gerechtigkeit erhält nicht nur Anerkennung, sondern kann sogar gefährlich sein, wie die Menschen in Temeswar erleben mussten – und wie viele Frauen und Männer leider noch täglich erfahren.

Abigails *Glaube* wird hervorgehoben, ihr Glaube an Gott den Schöpfer und den Gott der Gerechtigkeit. Ein direktes Glaubensbekenntnis formuliert Abigail in Bezug auf sich zwar nicht. In ihrer Rede aber bezieht sie sich explizit auf Jahwe als Gott Davids und damit auch als ihren Gott. Gott als Schöpfer aller Dinge zu wissen, schafft die Basis für alles Tun.

Abigails *Prophetie* verheißt David die Königsherrschaft von Dauer. Prophetische Gabe heißt hier (wie sonst auch) nicht in die Zukunft sehen können, sondern es heißt: aus den Zeichen der Zeit heraus die Folgen gegenwärtigen Fehlverhaltens abschätzen zu können. Meist sind diese Prophetien ja Unheilsprophetien, besonders in der Königszeit. Hier aber fehlt eigentlich jede sonstige prophetische Kennzeichnung Abigails: außer dem Weisheitsideal von gut und schön werden von ihr keine besonderen Gaben berichtet. Sie hat keine Erleuchtung, kein Engel begegnet ihr, keine Stimme Gottes unterrichtet sie. Sie sagt David Versöhnung bzw. das Ausbleiben von Blutvergießen zu und erreicht es!

Und so beten Frauen immer wieder um die Gabe, Versöhnung in einem Kontext des Krieges, der Gewalt und der Unversöhnlichkeit verkünden zu können und so einen Beitrag zum Frieden auf allen möglichen Ebenen zu leisten. Wie viele Friedensinitiativen sind nicht von Frauen ausgegangen! Wie viel Versöhnungsarbeit leisten Frauen tagtäglich im privaten wie im öffentlichen Bereich! Und schließlich ist auch der Weltgebetstag der Frauen nicht nur mit der Hoffnung auf, sondern auch mit der Arbeit für Versöhnung verbunden. Die ökumenische Zusammenarbeit von Frauen wurzelt seit vielen Jahrzehnten im Wunsch nach Versöhnung.[10]

Abigail hat hier eine Vorbildfunktion. Sie steht gegen Resignation, gegen die Angst, zu klein und unbedeutend zu sein, gegen die Angst, Gewalt ja doch nicht aufhalten zu können, wenn sie denn schon droht. Diese Stärkung führt in der Liturgie zu den Fürbitten. So steht Abigail im Zentrum, nicht als „Superfrau", der einmaliges gelungen ist, sondern als Vorbild in vielerlei Hinsicht, für deren „Nachfolge" wir alle aber Gottes Zuspruch und Stärkung nötig haben. Die Sendung zur Versöhnung setzt bei der Bergpredigt an: Die Seligpreisungen weisen den Weg zu denen, für die ein Anfang zu machen ist.

Die Gnade Gottes ist es auch, die die Versöhnung der Menschen durch Christus geschenkt und ermöglicht hat, so betont 2 Kor 5,18-20 – und führt damit die Linie der Liturgie von ihrem Anfang her weiter hin zum Segen.

1. *Den Text vertiefen*

a) Rollenverteiltes Lesen

Benötigt werden folgende Stimmen: Erzähler/in – Abigail – Nabal – Knecht Nabals – David – Knechte Davids (diese Rolle sollte nur dann besetzt werden, wenn der Text gelesen wird. Für die Gruppenarbeit ist die Textmenge zu gering).

Da die Abigail-Geschichte sehr stark durch Reden geprägt ist, eignet sie sich gut, den Text mit verteilten Rollen zu lesen. Dabei sollte verstärkt darauf geachtet werden, dass der Text nicht einfach nur durch verschiedene Personen vorgelesen wird. Es sollte etwas Zeit vorhanden sein, damit die Lesenden (besonders Erzähler/in, David und Abigail) den Text kennen und ihn auch mit entsprechender Betonung lebendig werden lassen können.

b) Szenen erarbeiten

In einer größeren Gruppe kann dieses rollenverteilte Lesen auch als Arbeit am Text genutzt werden. Kleingruppen, die je eine Rolle sprechen, lesen zunächst den Gesamttext. (Hinweis: Hier eigenen sich: Erzähler/in – Abigail – Nabal – David – Knecht Nabals)

- Zunächst erarbeiten die Kleingruppen je die gewählte Rolle und versuchen, sich in die Haltung der Rollen hineinzudenken: Kann ich diese Haltung verstehen? Was bestärkt diese Haltung? Welche Argumente habe ich dafür?

- Die Gruppe trifft sich danach wieder. Dann wird der Text von allen unkommentiert mit der Rollenverteilung vorgetragen.

- In einem weiteren Schritt wird der Text erneut von allen gelesen. Immer, wenn eine Sprechrolle wechselt, wird pausiert. Hier haben die Mitglieder der jeweiligen Gruppe die Gelegenheit, ihre eigenen Assoziationen und Gefühle oder Argumente zu benennen, die bei der Erarbeitung wichtig waren. Durch dieses „Auffüllen“ der Rolle erhält der Text noch mehr Profil. Erst wenn niemand aus der jeweiligen Gruppe etwas sagt, beginnt die nächste Gruppe, die Geschichte weiter zu sprechen.

c) Farb- und/oder Klangbild erstellen

Material: Tücher in vielen Farben, Orff'sche Instrumente (oder andere Dinge, mit denen Klänge erzeugt werden können). Hinweis: Dafür benötigt man genügend Zeit, mindestens 1,5-2 Std. Die Gruppe muss Gelegenheit haben, die Instrumente auszuprobieren und die richtigen Klänge bzw. Farben auszusuchen.

- In Kleingruppen werden die verschiedenen Rollen vertieft. Jede Gruppe probiert aus, wie sie ihre Textteile mit Farben und/oder Klängen sicht- und hörbar machen kann.

- Gemeinsam wird dann das Farb- und Klangbild der Geschichte zusammengesetzt. Der Text wird langsam gelesen. Dazu werden jeweils die Tücher dazu gelegt und/oder die Klänge begleiten den Text. Bei Musik kann auch der Klang nach dem Lesen eines Textabschnitts diesen interpretieren. Daraus ergibt sich ein Farb- und/oder Klangbild des Textes. Bei Musik/Klang kann dieses „Hörbild" zum Schluss noch einmal ohne Text erklingen.

d) Verschiedene Perspektiven einnehmen

Warum Abigail so und nicht anders handelt, geht aus der Erzählung nicht hervor. Der Erzähler erlaubt keinen Einblick in die Gedanken oder Gefühle Abigails. Anders als bei den anderen Personen geht dies auch aus der Art und dem Inhalt der Rede nicht hervor. Es gibt keinen inneren Dialog und kaum eine echte Bewertung.

- Nach der Erarbeitung der Rollen werden für jede der beteiligten Personen Namensschilder geschrieben und ausgelegt.
- Jede/r wählt sich die Person, der/die sie/er sich am nächsten fühlt. Die Kleingruppen setzen sich nach den Personen zusammen und tauschen aus, warum sie sich für die betreffende Person interessieren und sich ihm/ihr nah fühlen.
- Je für sich schreiben dann die Gruppenmitglieder „ihren" Text für die Person. Die Geschichte wird jetzt aus der Geschichte der betreffenden Person erzählt. Dabei bleibt die Interpretation offen, d.h., die Bewertung kann dadurch auch von der des Bibeltextes abweichen!

e) Eine Szene aus der Abigail-Geschichte gestalten

Die Szenen der Abigail-Geschichte werden mit verteilten Rollen gelesen. Danach entscheidet jede/r, welche Szene der Geschichte ihn/sie am meisten interessiert. Diese Szene wird dann durch eine Gestaltung mit verschiedenen Materialien vertieft. Alternativ kann als Einstieg auch ein Bild betrachtet werden (s. u.)

Dies kann geschehen:

- durch Malen: Dabei kommt es nicht auf ein gutes Gemälde an, sondern auf Farbgestaltung, die Haltung und die Zuordnung der Personen an. Blätter, Wachsstifte und/oder Fingerfarben liegen dazu bereit.

- durch Figuren (Egli-Figuren oder selbst gestaltete durch Draht, Stöcke etc): Wie werden sie in Beziehung gesetzt? Anhand der Positionen der Figuren zueinander und ihrer Gestaltung kann man sich den Szenen annähern.

- durch Ton: Alle erhalten Gelegenheit, mit Ton (evtl. auch Knetmasse) eine Szene aus der Abigail-Geschichte zu gestalten.

- In der Gesamtgruppe werden die Werke gezeigt. Zunächst erhalten alle die Möglichkeit, sie anzusehen (genügend Zeit einräumen). Danach erläutert, wer mag, die Gestaltung.

- Abschluss: Abigail-Lied (S. 56)

2. *Rache oder Recht*

Die beiden Begriffe im Alltag

Rache oder Recht: Die Alternative scheint auf den ersten Blick klar zu sein, vor allem, wenn man dazu die Abigail-Geschichte vor Augen hat. Doch Rache beginnt schon weit vorher, übt man manchmal schon im kleinen, im Alltag. Nicht immer setzt sich Recht durch oder fühlt man sich gerecht behandelt. Sie sind die Vorübungen für die Akzeptanz von Gewalt.

Material: Zwei große Plakate mit den Worten „Rache" und „Recht" werden an verschiedenen Stellen im Raum aufgehängt. Stifte in zwei Farben liegen bereit. Eventuell auch Überschriften und Bilder aus Zeitungen.

- Die Gruppe teilt sich auf die beiden Plakate auf (bei größeren Gruppen mehrere der Plakate). Alle schreiben die Begriffe dazu, die ihnen zu dem Stichwort einfallen (oder legen Zeitungsausschnitte dazu). Positive Begriffe werden in der einen Farbe, negative in der anderen geschrieben. Jede Gruppe versucht, beide Seiten der Begriffe (Rache z.B. als Gefühl, das man kennt; Rache, wenn Gerechtigkeit versagt etc.) einzubeziehen.

- Die Gruppen tauschen den Platz und schreiben auch noch für den je anderen Begriff die Assoziationen auf.

- Jetzt werden die beiden Plakate in die Mitte gelegt. Welche Begriffe verbinden zwischen den beiden Begriffen, wo sind sie völlig konträr? Gemeinsam werden auf einen Bogen, wo die beiden Begriffe stehen, in die Mitte die vermittelnden Dinge geschrieben, außerhalb von den beiden Worten diejenigen, die nichts mit dem anderen zu tun haben.

- Aus den Eintragungen erfolgt ein Gespräch darüber, inwieweit es eine Beziehung zwischen Rache und Recht gibt, was Rache auslöst und wo und wie diese begrenzt werden kann.

- Abschluss: Bitte um Frieden und Segen

3. *Einen „Beutel des Lebens“ zusammenbinden*

Abigail segnet David mit dem Wunsch, sein Leben sei „eingebunden in den Beutel des Lebendigen“ bei Jahwe. Dieser Segen kann zum Ausgangspunkt einer Bibelarbeit werden, die sich mit einem Thema befasst (z. B. Versöhnung, Gemeinschaft in Gemeinde/Kirche, Leben von Frauen ...).

Material: Bunte Glassteine (auch andere Materialien wie Murmeln, Muscheln, Schmucksteine etc.); – Stoffstücke – Garn/Wolle/Schnur

Ziel ist es, anhand der biblischen Vorstellung eines „Beutel des Lebens“ die eigenen wichtigen Werte zu entdecken. Die Gruppe kann sich diesen Werten in einer ersten Phase unterschiedlich nähern.

Hinweis: Bei einer größeren Gruppe können Untergruppen für die jeweilige Aufgabe gemeinsam einen Beutel schnüren (z. B., was den Gruppen für ihre Kirche wichtig ist, was für die Gruppe insgesamt wichtig ist etc.) und diese Gruppe für Gruppe in einer Andacht zusammentragen.

- Die Geschichte Abigails wird laut gelesen (evtl. mit verteilten Rollen). Dann wird die Bedeutung des Segens und des Begriffs „Beutel des Lebendigen“ erklärt (s. S. 24).
- Jede/r benennt das, was für jede/n einzelne/n zum Leben notwendig ist und in einen „Beutel des Lebens“ dazugehört. Diese erste Phase kann in Einzelarbeit oder durch ein gemeinsames Gespräch gestaltet werden.

Gestaltung eines Gesprächs: Die Glassteine stehen auf dem Tisch. Alle haben jetzt die Gelegenheit, sich je einen Stein zu nehmen und zu erklären, was ihm/ihr wichtig ist für das eigene Leben. Es gibt die Möglichkeit, mehrere Steine hineinzulegen und für sich einen „Beutel des Lebendigen“ zu schnüren. Daraus ergibt sich ein Gespräch in der Gruppe.

Gestaltung der Einzelarbeit: Jede/r nimmt sich einige Steine und ein Blatt Papier. Die Steine werden auf das Papier gelegt. Jede/r schreibt zunächst für sich Worte auf, was für sie/ihn unbedingt in einen Beutel des Lebens gehört. Danach werden diese in der Gruppe zunächst unkommentiert zusammengetragen. Ein Gespräch kann sich dann anschließen. Zum Abschluss nehmen sich die Gruppen etwas Zeit, zwei Sätze zu ihrem Beutel zu formulieren.

- *Abschluss: Einen „Beutel des Lebens" in ‚liturgischer' Form binden:*

Da bei dieser Arbeit das Hauptgespräch in der Kleingruppe stattfindet, eignet es sich nur bedingt, als Abschluss die Ergebnisse der einzelnen Gruppen in die Gesamtgruppe einzubringen. Vielmehr wäre es gut, das, was alle als lebensnotwendig ansehen, zusammen in einer Art kleiner liturgischer Form einzubringen.

- Wenn die verschiedenen kleinen Gruppen wieder zusammen treffen, können je zwei Vertreterinnen mit „ihrem" Beutel des Lebens an der Tür bleiben.

- Eine Kerze wird entzündet. Ruhige Musik spielt im Hintergrund. An der Kerze liegt ein großes Tuch (gut sichtbar für alle).

Einleitung: Wir haben in den Gruppen all das zusammengetragen, was für uns in einen „Beutel des Lebens" gehört. Dies bringen wir gemeinsam vor Gott.

- Zur ruhigen Musik kommen jetzt je die Vertreterinnen der Kleingruppen mit ihrem „Beutel des Lebens" nach vorne. Sie sprechen zur Gesamtgruppe: „Für uns war für den „Beutel des Lebens" ganz wichtig … (oder eine ähnlich, freie Formulierung).

- Dann wird der Beutel auf das Tuch gelegt. Wenn alle Beutel abgelegt worden sind, wird das Tuch zusammengebunden zum „Beutel des Lebens" der gesamten Gruppe.

- Dankgebet, Segen und/oder Lied schließen die Einheit ab.

4. *Kommunikation und Konflikt*

a) Körpersprache und Redeinhalt

Wie gelingt Kommunikation? Dies ist ein Thema, das in der Erzählung über Abigail indirekt mit abgehandelt wird. Denn die wichtigsten Passagen in 1 Sam 25 sind wörtliche Reden bzw. Dialoge. Sie bringen eigentlich die Geschichte vorwärts. Durch die Reden entwickelt und löst sich der tödliche Konflikt. Aus der Bibelarbeit wird deutlich, dass Haltung der Sprechenden und das, was sie sagen, nicht immer übereinstimmt. So liegt die Überlegung nahe, die Geschichte unter dem Aspekt zu betrachten, wie die Kommunikation gezeigt wird.

Hinweis: Je nach Gruppengröße und Zeit kann man alle Dialogszenen gemeinsam erarbeiten oder sie in Untergruppen nach Personen aufteilen. Es sollten aber möglichst allen die Gelegenheit gegeben werden, aktiv an der Erarbeitung beteiligt zu sein. Dafür ist es auch möglich, Szenen mehrfach zu bearbeiten.

- Die Dialogszenen werden in kleinen (nicht mehr als vier Personen) Gruppen einzeln gelesen. Die ersten Fragen gehen an die geschilderte Szene: Welche Körpersprache der Personen ist wahrscheinlich? Wie ist die Szene geschildert? Wie muss man sich die Körperhaltung vorstellen?

- Jetzt werden die einzelnen Körperhaltungen ausprobiert, die dazu vorstellbar sind.

- Danach wird der Sprechtext dazu gesprochen. Passt die Körpersprache jetzt noch zu dem, was gesagt wird? Haben diejenigen, die die Haltungen ausprobieren, das Gefühl, eine andere Haltung einnehmen zu müssen?

- Dort, wo Unterschiede auftauchen, werden jetzt passende Körperhaltungen gesucht. Wie müsste die jeweilige Person sprechen und sich bewegen, dass es stimmig ist? Das soll solange probiert werden, bis es als richtig erfahren wird – auch, wenn es anders ist als im Bibeltext.

- In einer Auswertungsrunde wird überlegt, ob und wie sich der Konflikt in Rede und Körpersprache zu tun hat.

b) Thema: Vermittlung bei Konflikten

Material: Namensschilder für handelnde Personen (oder charakteristische Gegenstände ...) und große Bögen Papier, Stifte; alternativ: Symbole für handelnde Personen, Wolle

Texterarbeitung: Jede Redeszene in der Geschichte wird bildlich umgesetzt. Jede Person, die spricht, erhält ein Symbol. Von ihr geht ein Pfeil (oder ein Wollfaden) zu der Person, an die die Rede adressiert ist. Da, wo eine dritte Person die Rede übermittelt, wird diese entsprechend als Zwischenglied dargestellt. Das wird für den ganzen Text 1 Sam 25 als Textbild erarbeitet.

- Danach wird dort, wo die Rede zum Konflikt führt, ein Symbol für Konflikt (z. B. roter Pfeil) eingetragen, wo die Rede zum Erfolg führt, ein positives Symbol (z. B. grüner Zweig). Gemeinsam kann man analysieren: Gibt es Übereinstimmungen bei den Konflikten und bei der Gesprächssituation?

Eigene Erfahrung: Vermutlich haben viele aus der Gruppe schon Erfahrungen mit Vermittlung bei Konflikten. Diese mögen nicht immer nur positiv sein. Wie in der Erzählung auch, kann diese Rolle sehr ambivalent sein. Diese Erfahrungen sollen zur Sprache kommen. Dabei muss darauf geachtet werden, dass die Erfahrungen der einzelnen Gruppenmitglieder Raum haben und für sich stehen bleiben dürfen. Es sollten möglichst kleine Gruppen (4-6) sein.

- Die einzelnen Mitglieder betrachten das Textbild und suchen sich einen Platz aus, den sie in ihrem Leben schon einmal eingenommen haben (oder zur Zeit einnehmen). Dafür wird etwas Zeit benötigt.

- In einem gemeinsamen Gespräch können diejenigen, die mögen, in der Gruppe erzählen, wann sie schon einmal diese Position innehatten und wie sie sich dabei gefühlt haben. Wichtig: Die Erfahrungen nicht werten seitens der anderen Gruppenmitglieder!

- Jede Person versucht in dem Textbild die Rolle/die Position zu finden, die notwendig gewesen wäre, um aus dem Konflikt zu kommen, oder die Rolle/Position, die tatsächlich geholfen hat.

- Gemeinsam wird versucht aufzuschreiben, was alles notwendig ist, um einen Konflikt zu lösen.

5. *Bilder zur Abigail-Geschichte*

Eigene Bilder finden

• *Marc Chagall: Abigail wird Davids Frau (unser Titelbild und die Kopiervorlage gegenüber)*

• *Abigail begegnet David (Kuppel der Kirche Herrgottsruh in Friedberg bei Augsburg)*

• *Weitere Bilder in: Große Frauen der Bibel, s. Literatur*

Die Bilder setzen die Begegnung zwischen David und Abigail um, als Abigail Davids Frau wird (Titelseite). Das gewählte Bild liegt auf der Mitte eines großen Bogens Papier. Stifte liegen bereit.

● Jede/r lässt zunächst das Bild auf sich wirken – Zeit geben, leise Musik

● Jede/r schreibt stumm auf den Bogen, was ihr dazu einfällt. Dies kann zu den Personen am Bild dazugeschrieben werden, es kann aber auch sonst ein Kommentar zu der Szene sein. Die Stichworte können dann wieder von anderen Frauen gelesen und ergänzt werden.

● In kleinen Runden wird das Bild jetzt gemeinsam betrachtet und die Erfahrung mit dem stummen Gespräch ausgetauscht: Sind gegenteilige Empfindungen aufgekommen? Welches Element des Bildes hat diese Empfindung ausgelöst? Hätte ich die Szene ganz anders dargestellt?

● In einem weiteren Schritt kann – ausgehend von der Arbeit mit einem Bild – jetzt ein eigenes Abigail-Bild erstellt werden (s.o., 1.e)

● Abschluss: Segen

Marc Chagall, Abigail wird die Frau Davids © VG Bild-Kunst, Bonn 2001

6. *Weisheit – Mut – Glaube – Prophetin*

Eigene Gaben entdecken

Die vielfältigen Gaben, die Abigail in der Erzählung zugeschrieben werden, könnten abschrecken, statt zu ermutigen, die eigenen Gaben wahrzunehmen. Diese Wahrnehmung kann aber gestärkt werden.

- Auf einem großen Bogen Papier steht in der Mitte der Name Abigail, an den vier Ecken stehen die Begriffe Weisheit, Mut, Glaube und Prophetin. *Alternativ* kann auch der ganze Raum so gestaltet sein: In der Mitte eine Figur für die Abigail, in jeder Ecke des Raumes Platz für diese vier Begriffe.

- Die Geschichte wird gelesen (evtl. mit verteilten Rollen). Danach suchen sich alle eine „Ecke", also den Begriff, der nach eigener Einschätzung am besten zu jeder/m passt. Diese Kleingruppen tauschen sich aus, warum sie sich bei diesem Begriff angesiedelt haben und schreiben wichtige Stichworte dazu auf das Plakat.

- In einem zweiten Schritt wechseln die Gruppen. Jede/r sucht den Begriff, der am weitesten von ihr/ihm zu sein scheint. Auch dafür werden wichtige Stichworte in einer anderen Farbe geschrieben.

- Jetzt lesen alle das, was die vorhergehende Gruppe geschrieben hat. Gibt es Begriffe, die vielleicht auch jede/r selbst bei der ersten Gruppe dazugeschrieben hat? Kann man die eigene Einschätzung vielleicht auch anders sehen?

- Zum Abschluss werden die vier Blätter zur Mitte des Raumes gebracht bzw. wird die Gruppe geöffnet für alle Begriffe. Jede/r erhält noch einmal die Gelegenheit zu sagen, was die wichtige Erkenntnis für jede/n selbst war. Dies kann in Form einer Anrede an die Abigail-Figur sein, um es etwas zu verfremden. Beispiele:

  - Abigail, ich fühle mich dir nahe, weil ich auch schon einmal solchen Mut aufbringen musste …
  - Abigail, von Dir kann ich lernen, dass ich meiner eigenen Weisheit trauen kann …

- Abschluss: Lied der Abigail

7 *Arbeit mit Weisheitstexten*

a) Abigail als Vertreterin der Weisheit

Die Geschichte Abigails lässt sich auch als weisheitliche Lehrerzählung lesen (vgl. auch II.2). Das Buch der Sprüche ist eine Fundgrube für weisheitliches Verhalten, das man mit der Abigail-Geschichte in Verbindung bringen kann

Material: Ein großes Blatt Papier mit dem Namen Abigail in der Mitte; *alternativ:* Eine Figur (aus Materialien oder aus Tonpapier) wird in die Mitte gelegt. Der Text von Spr 31,10-31 wird für alle abgezogen.

- Gemeinsam wird Spr 31,10-31: Die kluge (weise) Frau gelesen.

- In Einzelarbeit unterstreichen alle die Wörter der Sätze in einer Farbe, wo eine Beschreibung auf die Abigail zutrifft. In einer anderen werden die Sätze unterstrichen, die in der Abigail-Erzählung fehlen. In der Gruppe tauschen dann alle aus, warum sie die einzelnen Stellen angestrichen haben.

- Jetzt werden um die Abigail herum Begriffe geschrieben, die mit ihr zu tun haben. Bei einer Figur werden Begriffe auf Zettel geschrieben und darum herumgelegt.

b) Arbeit mit Sprichwörtern

Material: Hier finden Sie die in der Bibelarbeit zitierten Sprichwörter, die auf die Geschichte der Abigail gedeutet werden können. Man kann aber (in der Vorbereitung oder in der Gruppe selbst) im Sprüchebuch (bes. ab Kap. 10) blättern und suchen, ob andere Sprüche auch zur Abigail-Geschichte passen.

- Einige der Sprichwörter werden – Anzahl je nach Gruppengröße – ausgewählt und in die Mitte eines großen Bogen Papiers geschrieben. Die Teilnehmer/innen suchen sich je ein Sprichwort aus.

- Die Frage an die Gruppen lautet: Gibt es heute Geschichten, zu denen das Sprichwort passt? Alle haben Gelegenheit, Assoziationen zu dem Sprichwort aus eigener Erfahrung zu dem Sprichwort dazuzuschreiben. Nach einiger Zeit gibt es die Möglichkeit, auszutauschen, was jeder/jedem zu dem Sprichwort an eigener Erfahrung (positiv wie negativ) eingefallen ist.

- Für den Abschluss in der Gesamtgruppe kann man in einer kleinen Szene je ein Sprichwort darstellen.

8. Die Geschichte der Abigail in Literatur und Musik

Wenn Literatur und/oder Musikaufnahmen vorhanden sind, ist es möglich, damit zu arbeiten. Dies erfordert jedoch eine längerfristig angelegte Arbeit: Zeit, die Literatur zu lesen und Zeit, sich mit einer Vertonung auseinanderzusetzen.

Relativ leicht ist es möglich, mit der Interpretation von Stefan Heym zu arbeiten. Die Episode der Abigail ist im Roman weitgehend in sich abgeschlossen, nicht allzu lang und bietet eine eigene Interpretation. Die Abigail Stefan Heyms kann mit dem aus dem Bibeltext erarbeiteten Bild von Abigail verglichen werden kann. Hinweis: Dabei geht es nicht um falsch oder richtig, sondern um unterschiedliche Interpretationen, die die Geschichte zulässt.

Stefan Heym: Der König-David-Bericht

Dieser lesenswerte Roman von Stefan Heym handelt davon, wie die Aufstiegsgeschichte Davids als Hofberichterstattung konzipiert wird. Der Historiker Ethan ben Hoshaja wird an Salomos Königshof gerufen und soll mit einer Kommission die glorreiche Geschichte Davids erforschen und aufschreiben. Er recherchiert und wird immer mehr mit Details aus Davids Geschichte und seinem Charakter konfrontiert, die so gar nicht in einen Hofbericht passen wollen. Es gelingt ihm nicht, einen „historischen“ Bericht zu verfassen, kann aber doch einige Hinweise einstreuen. Er macht sich den Hof zum Gegner. Ethan, so die Entscheidung des weisen Königs Salomo, kommt zwar mit dem Leben davon, wird aber totgeschwiegen.

Vgl. dazu auch den Aufsatz von Walter Dietrich (s. Literatur)

a) *Literatur und Vertonungen*

Stefan Heym, Der König-David-Bericht, erschienen bei Goldmann und im S.Fischer-Verlag. Der Roman liegt auch als Hörspiel vor.

Die folgenden Werke sind nicht leicht zu finden, sollen aber dennoch hier wenigstens genannt sein:

Arnold Zweig, Abigail und Nabal, 1913

Itzik Mangers (1901 – 1969) *„Abigail“* 1935

Zu der Geschichte der Abigail scheint es nur eine Vertonung zu geben:

Welkes, Thomas „When David heard“ [11]

b) *Segen*

Gott,
schenke uns Tage
in denen uns Segen begleitet,
nähre unseren Leib
und den Frieden in unseren Herzen
damit wir glauben könne,
dass wir eingebunden sind
ins Bündlein der Lebendigen. Amen.

Der Segen der Abigail,
der Leib und Seele im Bündlein des Lebens bewahrt,
sei mit uns allen
und schenke uns Frieden. Amen.

aus: H. Rosenstock, s. Literatur

c) Lied der Abigail

Text und Musik:
©Siegfried Macht, Filderstadt
vgl. 1 Sam 25

Abigail

Du kluge Frau eines törichen Mannes

Du guter Geist eines heillosen Hauses,
du machst dich auf, siehst dem Feind ins Herz:
Den dein Mann verspottet und gekränkt,
Abigail, Abigail,
segnend hast du ihn beschenkt.

Du sanfter Mut auf den Knien vor dem Stolzen,
du hast gesorgt, dass der Frieden siegt:
Den der Zorn geführt den Rachepfad,
Abigail, Abigail,
du hast ihn vor Schuld bewahrt.

d) *Rezepte*

Abigails Feigen-Torte

Für 12 Stück

Zutaten für den Teig:

300 g	getrocknete Feigen
8	Eier
250 g	Puderzucker
	abgeriebene Schale von 1 Zitrone
80 g	Semmelbrösel für die Formen

für die Füllung:

400 g	Birnen
100 g	Zucker
50 g	gehackte Mandeln
1 EL	Rosinen
	Saft von 1 Zitrone
200 ml	Schlagsahne
70 g	Puderzucker
1	Päckchen Zitronen-Glasur

Zubereitung des Teiges:

1. Feigen sehr klein schneiden. Eigelbe und Eiweiße trennen. Eigelbe mit Puderzucker und der abgeriebenen Zitronenschale schaumig rühren. Eiweiße steif schlagen.
2. Eigelbmischung mit dem steifen Eiweiß vermischen. Feigenstückchen und Semmelbrösel darunter heben.
3. Backofen auf 175 Grad (Gas: Stufe 2) vorheizen. Zwei Springformen (26 cm Durchmesser) mit Butter gut einfetten und mit Semmelbröseln ausstreuen. Je eine Hälfte der Teigmasse darin verteilen und glatt streichen. Auf der mittleren Schiene 20 Minuten backen. (Bei Umluftherden können beide Teigplatten gleichzeitig gebacken werden.)

Zubereitung der Füllung:

4. Birnen schälen, halbieren und entkernen. Grob reiben und mit dem Zucker und den Mandeln vermengen. Die Mischung in einer beschichteten Pfanne unter ständigem Rühren anbraten, bis sie glasig ist. Vom Herd nehmen, Rosinen und Zitronensaft dazugeben. Abkühlen lassen.
5. Sahne steif schlagen und zusammen mit dem Puderzucker unter die abgekühlte Birnenmasse heben.

Zum Schluss:

6. Eine der Teigplatten in ein Tortenband (im Haushaltsgeschäft erhältlich) legen. Die Birnen-Sahne-Masse darauf verteilen. Zweite Platte darauf legen. Zitronen-Glasur nach Packungsangabe anrühren und die Oberfläche damit bestreichen. Den Kuchen für 3 Stunden kühl stellen.

Abigails Rosinen-Kranz

Zutaten:

500 g	Rosinen
2 cl	brauner Rum
1 kg	Mehl
300 ml	Milch
80 g	Hefe (2 Würfel)
200 g	Zucker
2 TL	Salz
	abgerieben Schale von 1 Zitrone
1	Päckchen Vanillezucker
300 g	Butter
50 g	Zitronat
150 g	gemahlene Mandeln
100 g	Butter zum Bestreichen
	Zucker und Puderzucker zum Bestreuen

Vorbereitung:

1. Am Abend zuvor die Rosinen mit Rum übergießen und zugedeckt ziehen lassen. Hin und wieder umrühren, damit die Rosinen etwas aufquellen.

Zubereitung:

2. Am nächsten Tag das Mehl in eine große Schüssel sieben. In die Mitte eine Mulde drücken. Milch leicht erwärmen. In der Hälfte der Milch mit etwas Zucker die Hefe auflösen. Damit in der Mehlmulde einen mittelfesten Vorteig anrühren. 40-50 Minuten abgedeckt an einem warmen Ort gehen lassen.
3. Nun die übrigen Zutaten (Zucker, Gewürze, Butter, Zitronatwürfel, Mandeln, die restliche Milch und zum Schluss die Rosinen) dazugeben und das Ganze zu einem festen Teig verkneten. Weitere 2 Stunden gehen lassen.
4. Backofen auf 200 Grad (Gas: Stufe 4) vorheizen. Teig nochmals gut durchkneten und in drei gleich große Stücke teilen. Aus jedem Stück eine Rolle formen, aus den drei rollen einen Zopf flechten und diesen kreisförmig auf ein mit Backpapier ausgelegtes Blech setzen. Nochmals 30 Minuten gehen lassen. Dann den Rosinen-Kranz ca. 60 Minuten backen.

Zum Schluss:

5. Die Butter zum Bestreichen in einem Töpfchen zergehen lassen. Nun den Kranz abwechselnd buttern und zuckern, und zwar immer in dieser Reihenfolge: zerlassene Butter – klarer Zucker – zerlassene Butter – Puderzucker
6. Der Kranz sollte vor dem Anschneiden 4-6 Tage gut abgedeckt an einem kühlen Ort lagern.

Übrigens:

Wichtig: Für einen Hefeteig sollten alle Zutaten Zimmertemperatur haben, bevor sie verarbeitet werden.

Abigails Dattel-Traum
Für 12 Stücke

Zutaten für den Teig:

200 g	Butter
100 g	Zucker
1	Ei
300 g	Mehl
	Salz

Für den Belag:

200 g	getrocknete Datteln
4	Äpfel
2 cl	Cointreau (Orangenlikör)
250 g	Magerquark
2	Eier
1	Päckchen Vanillezucker
2	EL Honig
	Fett für die Springform

Zubereitung des Teiges:

1. Die Butter schaumig rühren. Die Hälfte des Zuckers dazugeben und weiterrühren. Dann das Ei und den restlichen Zucker unterrühren. Mehl und 1 Prise Salz hinzugeben und das Ganze zu einem glatten Teig verkneten. Ca. 20 Minuten im Kühlschrank ruhen lassen.

Zubereitung des Belages:

2. Die Datteln entsteinen, klein schneiden und in 3 EL Wasser ca. 10 Minuten weich kochen. Äpfel schälen, halbieren, entkernen, in Spalten schneiden und kurz mit den Datteln dünsten. Mit Cointreau ablöschen und abkühlen lassen.
3. Den Quark mit Eiern, Vanillezucker und Honig verrühren.

Zum Schluss:

4. Backofen auf 200 Grad (Gas: Stude 4) vorheizen. Springform gut einfetten. Den Teig ausrollen, in die Form geben und am Rand hochdrücken. Die Hälfte der Quarkmasse auf dem Teigboden glatt streichen. Dattel-Apfel-Mischung darauf verteilen. Restliche Quarkmasse darüber geben. 45-60 Minuten backen, bis die Oberfläche leicht gebräunt ist.

aus:
Joachim Hutt/Helmut Klein, Rezepte aus der Bibel. Einfach göttlich.
Vom paradiesischen Apfelkuchen zum würzigen Osterlamm,
VGS ISBN 3-8025-1431-9

e) *Adressen*

Weltgebetstag der Frauen, Deutenbacher Str. 1, 90574 Stein,
Telefon: 09 11/68 06-301; Fax: -304; weltgebetstag@weltgebetstag.de
Materialbestellung: Telefon: 09 11/68 06-156; Fax: -177;
E-Mail: auer@muetterdienst.de

- **Abigail, Trumpf der Klugheit,** in: Große Frauen der Bibel in Bild und Text, Freiburg/Basel/Wien 1993, 166-175
- **Berges, Ulrich, Die Verwerfung Sauls.** Eine thematische Untersuchung, Würzburg 1989 (fzb).
- **Cook, Albert, 'Fiction' and History in Samuel and Kings**, in: JSOT 36, 1986, 27-48.
- **Dietrich, Walter/Naumann, Thomas, Die Samuelbücher,** Darmstadt 1995 (Erträge der Forschung Bd. 287).
- **Dietrich, Walter, Die frühe Königszeit in Israel. 10. Jahrhundert v. Chr.**, Stuttgart/Berlin/ Köln 1997 (Biblische Enzyklopädie 3).
- **Ders., Von einem, der zuviel wußte. Versuch über Stefan Heyms 'König David Bericht'**, in: ders., Wort und Wahrheit. Studien zur Interpretation alttestamentlicher Texte, Neukirchen-Vluyn 1976, 41-67.
- **Drewermann, Eugen, Da nahm Abigail schnell 200 Brote**, in: ders., Das Königreich Gottes in unserer Seele. Predigten über die Bücher Samuel und Könige, (hg. v. Bernd Marz) München/Zürich 1996, 141-163.
- **Eissfeldt, Otto, Der Beutel der Lebendigen.** Alttestamentl. Erzählungs- und Dichtungsmotive im Lichte neuer Nuzi-Texte, Berlin 1960 (BVSGW.PH 105,6).
- **Fokkelman, J. P., Narrative Art and Poetry in the Books of Samuel**, Bd. 2, Assen/Maastricht/Dover 1986, bes. 474-528.
- **Heister, Maria-Sybilla, Frauen in der biblischen Glaubensgeschichte,** Göttingen 1984.
- **Knauf, Ernst Axel, Die Umwelt des Alten Testaments**, Stuttgart 1994 (Neuer Stuttgarter Kommentar: Altes Testament; 29).
- **Levenson, Jon D., I Sam 25 as Literature and as History**, in: The Catholic Biblical Quarterly 40, 1978, 11-28.
- **Mommer, Peter, Samuel.** Geschichte und Überlieferung, Neukirchen/Vluyn 1991 (WMANT 65).
- **Müllner, Ilse, Die Samuelbücher. Frauen im Zentrum der Geschichte Israels,** in: Schottroff, Luise/Wacker, Marie-Theres (Hrsg.), Kompendium Feministische Bibelauslegung, 2. Korr. Aufl. 1999, 114-129.
- **Reichle, Erika, Söldner und Frauen. Zur Vorgeschichte des Königtums David,** in: Korenhof-Scharffenorth, M./Mahn, K./Reichle, E. (Hg.), „Aus dem Brunnen schöpfen...". Geschichten aus der hebräischen Bibel und dem Neuen Testament; von Frauen erzählt und ausgelegt, Neukirchen/Vluyn 1986, 69-98.
- **Schroer, Silvia, Abigajil: Eine kluge Frau für den Frieden**, in: Walter, Karin (Hrsg.), Zwischen Ohnmacht und Befreiung: Biblische Frauengestalten, Freiburg/Basel/Wien 1988, 92-99.

• **Dies., Die Samuelbücher,** Stuttgart 1992 (Neuer Stuttgarter Kommentar: Altes Testament; 7).
• **Dies., Sie glaubten an Gott und das Ende der Gewalt.** Frauen und die Gewaltfrage im 1. Testament, in: Neue Wege, 87, 1993, Nr.6, 168-176.
• **Dies., Weise Frauen und Ratgeberinnen in Israel** - Vorbilder der personifizierten Chokmah, in: Verena Wodtke (Hg.), Auf den Spuren der Weisheit. Sophia – Wegweiserin für ein neues Gottesbild, Freiburg u. a. 1991, 24-40.
• **Dies./Staubli, Thomas, Die Körpersymbolik der Bibel,** Darmstadt 1998.
• **Staubli, Thomas, Begleiter durch das Erste Testament,** Düsseldorf 1997.
• **Ders., Das Image der Nomaden im alten Israel und in der Ikonographie seiner seßhaften Nachbarn**, Fribourg/Göttingen 1991 (OBO 107).
• **Stoebe, Hans Joachim, Das erste Buch Samuelis**, Gütersloh 1973 (KAT VIII,1).
• **Veijola, Timo, Die ewige Dynastie.** David und die Entstehung seiner Dynastie nach der deuteronomistischen Darstellung, Helsinki 1975 (STAT 193).
• **Willi-Plein, Ina, Frauen um David: Beobachtungen zur Davidshausgeschichte,** in: Weippert, Manfred/Timm, Stefan (Hg.), Meilenstein. FS Herbert Donner, Wiesbaden 1995, 349-361.

Literatur zu Abigail mit weiteren Bibelarbeiten

• Arbeitsstelle im Ökumenereferat der Nordelbischen Ev.-Luth. Kirche (Hg.), Gemeinsam auf dem Weg mit Abigail. Vorbereitungsmaterial für den Gottesdienst am 6. Juni 1993
• Hoffmann,Ulrike/Köhler, Hanne, Abigaijl, in: Beratungsstelle für Gestaltung (Hrsg.), Bekannte und unbekannte Frauen in der Bibel. Material für Gruppenarbeit zum Jahr mit der Bibel, Frankfurt 1992, 67-83 (= Materialhefte 64)
• Deutsches Weltgebetstagskomitee (Hrsg.), Ideen und Informationen. Arbeitsheft zum Weltgebetstag der Frauen 2002, Stein 2001 (zu beziehen über Weltgebetstag, s. Adressen, S. 61)
• Leicht, Barbara, Abigajil handelt auf eigene Faust. Bibelarbeit zu 1 Sam 25,2-42, in: Eltrop, B./Hecht, A. (Hrsg.), Frauenbilder, Stuttgart 1998, 24-30 (= FrauenBibelArbeit 1)
• Rosenstock, Heide, Vom leiblichen Segen der Abigail, in: Schmidt, Eva Renate/Korenhof, Mieke/Jost, Renate (Hrsg), Feministisch gelesen, Bd.1, Stuttgart 1988

[1] Vgl. den Abdruck davon in: Ökumenisches Forum. Grazer Jahrbuch für konkrete Ökumene, Nr. 21, 1998, 234-258.
[2] Zum Folgenden vgl. Staubli, Nomaden; Knauf, Umwelt *(s. Lit.)*.
[3] Vgl. Eissfeldt, Der Beutel des Lebens *(s. Lit.)*.
[4] Frank Crüsemann hat dies in einer Monographie untersucht, vgl. Crüsemann, F., Der Widerstand gegen das Königtum. Die antiköniglichen Texte des Alten Testaments und der Kampf um den frühen israelitischen Staat, Neukirchen-Vluyn 1978 (WMANT 49)
[5] Zur Weisheit entstanden in den letzten Jahren verschiedene neue Untersuchungen, vgl. Kommentare zu den diversen Weisheitsschriften in: Wacker/Schottroff, Kompendium Feministische Bibelauslegung, Gütersloh 1998, dort auch weitere Literatur.
[6] Vgl. dazu Staubli/Schroer, Körpersymbolik *(s. Lit.)*.
[7] Schroer, Weise Frauen und Ratgeberinnen, 18 *(s. Lit.)*.
[8] Vgl. Veijola, Die ewige Dynastie *(s. Lit.)*.
[9] Das Material zum Weltgebetstag der Frauen, der Text der Liturgie und Begleitmaterial dazu kann bezogen werden über: Weltgebetstag der Frauen (Adresse S. 61).
[10] Vgl. Hiller, Helga, Ökumene der Frauen. Anfänge und frühe Geschichte der Weltgebetstagsbewegung in den USA, weltweit und in Deutschland. Mit vielen Quellentexten, Stein 1999
[11] Angaben nach: Remmert, Sönke, Bibeltexte in der Musik. Ein Verzeichnis ihrer Vertonungen, Göttingen 1996 (= Dienst am Wort 74)

Autorin: Ulrike Bechmann

Titelbild: Marc Chagall, Abigail wird die Frau Davids,
© VG Bild-Kunst, Bonn 2001

Herausgeber: © Katholisches Bibelwerk e. V.
Silberburgstraße 121
70176 Stuttgart
2001

Gestaltung: team E, Agentur für Kommunikation
Walddorfhäslach